EN VENTE : La Part du Diable, opéra-comique en trois actes.

LA FRANCE
DRAMATIQUE
AU DIX-NEUVIÈME SIÈCLE,

Choix de Pièces Modernes.

Folies-Dramatiques

LA CHASSE AUX MARIS,
COMÉDIE-VAUDEVILLE EN TROIS ACTES.

C. T.

802—803.

PARIS.
C. TRESSE, ÉDITEUR,
ACQUÉREUR DES FONDS DE J.-N. BARBA ET V. BEZOU,
SEUL PROPRIÉTAIRE DE LA FRANCE DRAMATIQUE,
PALAIS-ROYAL, GALERIE DE CHARTRES, N°° 2 ET 3,
Derrière le Théâtre-Français.

1843.

LA CHASSE AUX MARIS

COMÉDIE EN TROIS ACTES MÊLÉE DE COUPLETS,

PAR MM. DE LEUVEN ET BRUNSWICK.

Représentée, pour la première fois, sur le théâtre des Folies-Dramatiques, le 21 janvier 1843.

DISTRIBUTION DE LA PIÈCE.

LE MARQUIS DE FONTANGES...............................	MM. ANATOLE.
LE BARON DE FICHTANFERLICK..........	BERNARD LÉON.
LE CHEVALIER DE GABRIAC...............................	BELMONT.
LA BARONNE DE FICHTANFERLICK.......................	Mmes ANGÉLINA LEGROS.
LOUISE DE VILLIERS, } demoiselles d'honneur de la reine. {	ROSINE DEBROU.
ATHÉNAÏS DE SÉRICOURT,	CLARA.
FANCHETTE, servante d'auberge...........................	AGLAÉ.

DEMOISELLES D'HONNEUR. — SEIGNEURS. — OFFICIERS. — PAGES. — DOMESTIQUES.

NOTA. Les acteurs sont placés en tête de chaque scène, comme ils doivent l'être au théâtre, à partir de la gauche du spectateur. Les changemens de position sont indiqués par des renvois.

La scène se passe en 1664. — Au premier acte au château de Saint-Germain. — Au deuxième, à Verdun. — Au troisième, au château de Fontanges.

ACTE PREMIER.

Une partie du parc de Saint-Germain. A gauche, au troisième plan, un perron auquel on arrive par plusieurs degrés, et qui est censé conduire à la chapelle du château. Au premier plan, un bosquet de roses avec banc de gazon. A droite, des barrières, à hauteur d'appui, indiquant un endroit du parc réservé; un passage est ménagé, au deuxième plan. Au fond, un mur de clôture avec une petite porte au milieu. En perspective, la forêt.

SCÈNE I.

LOUISE, assise à gauche, et lisant; Mlle DE SÉRICOURT, et les autres DEMOISELLES D'HONNEUR de la reine, jouant au volant.

CHOEUR.

AIR de Musard.

Vive le plaisir
Qui sait nous réunir !
Il faut ici bannir
  Les ennuis,
  Les soucis :
Dans ce doux séjour,
Cette brillante cour,
  Chaque jour,
  Tour à tour
Est pour nous un beau jour !

Mlle DE SÉRICOURT, à Louise.
  Avec nous, ma chère,
  Viens donc te distraire ;
  Pourquoi, dans ces lieux,
  Fuir ainsi nos jeux?

LOUISE.
  Non, laissez-moi lire
    Ce roman
    Charmant,
  Car tout y respire
  Tendre sentiment.

REPRISE DU CHOEUR.
  Vive le plaisir ! etc.

Mlle DE SÉRICOURT, à part, en regardant Louise.
  Cette lecture...... cette mélancolie..... tout cela n'est pas naturel, et je veux savoir..... (S'appro-

chant de Louise, qui s'est levée et s'apprête à sortir.) Reste ici.... j'ai à te parler.

LOUISE.

A moi ?

Mlle DE SÉRICOURT.

Oui, pour une affaire importante.

LOUISE.

Tu me fais trembler !

Mlle DE SÉRICOURT, à ses compagnes.

Mesdemoiselles... voici l'heure où votre service vous appelle auprès de la reine. Louise et moi nous irons bientôt vous rejoindre.

REPRISE DU CHOEUR.

Vive le plaisir ! etc.

(Elles sortent par la droite, au deuxième plan.)

SCÈNE II.

LOUISE, Mlle DE SÉRICOURT.

LOUISE.

Nous voilà seules ; voyons, qu'as-tu à me dire ?

Mlle DE SÉRICOURT, d'un ton sévère, et lui prenant les mains.

Louise..... regardez-moi maintenant en face, entre les deux yeux... Eh bien ?

LOUISE.

Eh bien ?

Mlle DE SÉRICOURT.

Vous n'avez rien à me dire ?

LOUISE.

Si !... que je t'aime à la folie ! que tu es bien la plus jolie, la plus spirituelle et la plus folle des demoiselles d'honneur de la reine.

Mlle DE SÉRICOURT.

Tu me fais des complimens pour ne pas me confier ton secret.

LOUISE.

Un secret ?

Mlle DE SÉRICOURT.

Louise, j'ai deviné la vérité... D'ailleurs, on ne peut pas me tromper : j'ai dix-huit ans, et, à cet âge, on a de l'expérience... Mademoiselle Louise de Villiers, moi, Athénaïs de Séricourt, je vous dis que votre cœur n'est plus libre.

LOUISE, avec émotion.

Qui peut te le faire croire ?

Mlle DE SÉRICOURT.

Ton émotion d'abord, et puis, le changement qui s'est opéré en toi... tu n'es plus la même !.. Il y a quelques mois, la reine-mère, ta royale marraine, te nomme demoiselle d'honneur, et te fait quitter ton vieux château de la Lorraine pour venir habiter Saint-Germain... En arrivant ici, tu étais bien la plus gaie, la plus causeuse et la plus aimable de toutes nos camarades. Huit jours après ton arrivée, pensive, distraite, mélancolique, tu fuyais nos jeux, nos petites conversations... Et ce roman d'amour que tu lis sans cesse ?

LOUISE.

Athénaïs, je t'assure...

Mlle DE SÉRICOURT.

Louise... voyons... ouvre-moi ton cœur.

AIR : Le luth galant qui chanta les amours.

Allons, allons, ma chère, désormais,
Entre nous deux, ici plus de secrets...
Entière confidence adoucira ta peine... [traîne,
Depuis plus d'un grand mois mon cœur vers toi m'en-
Et notre intimité date d'une semaine...
Les vieilles amitiés, ça ne trahit jamais !

Tu le nommes ?

LOUISE.

Je n'oserai pas !... D'ailleurs, je me suis bien juré de ne jamais faire connaître...

Mlle DE SÉRICOURT.

Mais si je devine ?

LOUISE.

Oh ! dam ! alors... je dirai oui.

Mlle DE SÉRICOURT, cherchant.

Voyons, voyons... D'abord est-il jeune ?

LOUISE.

Jeune !

Mlle DE SÉRICOURT.

Et joli garçon ?

LOUISE.

Charmant !

Mlle DE SÉRICOURT.

Alors ce sera plus facile à trouver ; j'y suis... Gabriac ! (Louise secoue la tête.) D'Ancarville ! (Nouveau signe négatif.) Ma foi, après ceux-là, ce qui reste n'est pas trop séduisant, et j'ai beau passer en revue... je n'en vois plus qu'un... et, si je ne l'ai pas nommé, c'est que je ne puis croire que tu aies pensé...

LOUISE.

Et c'est ?...

Mlle DE SÉRICOURT.

Le marquis de Fontanges !... (Mouvement de Louise.) Fontanges ! Ah ! ma pauvre enfant, que tu es à plaindre ! Comment, c'est Fontanges que tu aimes !... et il le sait ?

LOUISE.

Que dis-tu là !... jamais je n'ai répondu aux lettres qu'il m'a adressées.

Mlle DE SÉRICOURT.

Il t'a écrit ?

LOUISE.

Mais je lui ai renvoyé tous ses billets.

Mlle DE SÉRICOURT.

Sans les lire ?

LOUISE.

Je les sais par cœur.

Mlle DE SÉRICOURT.

Mais, c'est le plus volage, le plus étourdi, le plus dangereux, le plus perfide des hommes... Un serment pour lui n'est rien ? Il a des femmes l'opinion la plus épouvantable! Son bonheur est de séduire, de tromper... Enfin la reine l'a exilé pendant six mois, pour ses audacieuses tentatives contre les demoiselles d'honneur... Il ne respecte rien.

LOUISE.

Oui, j'ai entendu dire tout cela de lui ; aussi j'ai bien combattu... mais....

Mlle DE SÉRICOURT.

Ça ne t'a pas empêchée... au contraire, n'est-ce pas ?

(Elle s'isole un peu pour chanter le couplet.)

AIR du Verre.

Un homme est tendre et langoureux,
Plein d'honneur, de délicatesse :
Il est timide, vertueux,
Il mérite notre tendresse ;
Eh bien ! il ne l'obtiendra pas.
Pourquoi ?.. C'est la règle ordinaire...
Les trompeurs et les scélérats
Sont ceux qui savent le mieux plaire.

LOUISE, avec exaltation.

Quelle gloire aussi pour une femme de fixer M. de Fontanges, de l'attacher à elle !... de le rendre sage... fidèle !...

Mlle DE SÉRICOURT.

Fidèle !... Ma pauvre amie... cette tâche, d'autres l'ont entreprise avant toi !..... toutes ont échoué !... Voyons, Louise, il faut oublier cet amour...

LOUISE.

L'oublier !...

Mlle DE SÉRICOURT.

Il ferait ton malheur, ton désespoir !

FONTANGES, dans la coulisse, à gauche.

Par ici, messieurs, par ici !

LOUISE, émue.

C'est sa voix !

Mlle DE SÉRICOURT, entraînant Louise.

Viens de l'autre côté des barrières, nous serons en sûreté.

AIR des Diamans de la Couronne.

Sauvons nous bien vite ;
Evitons ici
L'ardente poursuite
D'un tel ennemi :
Quand il peut l'atteindre ,
L'innocence, hélas !
A toujours à craindre
De faire un faux pas !

(Elles entrent dans le parc réservé à droite.)

SCÈNE III.

GABRIAC, FONTANGES, SEIGNEURS. (Ils entrent par la gauche, au quatrième plan.)

FONTANGES, accourant.

Par ici, messieurs, par ici ! Nous arrivons trop tard... elles se sont échappées ! Maudit déjeûner ! Eh ! Gabriac ! pourquoi nous forcer à boire ?... Tu vois... dix bouteilles de moins... nous étions ici dix minutes plus tôt.

GABRIAC.

Qu'est-ce que cela prouve ? Qu'en nous voyant accourir, elles se seraient enfuies comme elles viennent de le faire, et que nous serions toujours venus dix minutes trop tard.

FONTANGES.

C'est juste ; mais, comme M. de Turenne, je ne veux pas laisser à l'ennemi le temps de se reconnaître pendant une déroute.

GABRIAC.

Y songes-tu, Fontanges ! tu oserais franchir ces limites ?

FONTANGES.

Pourquoi pas ?

GABRIAC.

Comment ! il y a un mois à peine que tu nous es rendu, et déjà tu veux courir les chances d'un nouvel exil ? Prends-y garde, Fontanges ; cette partie du parc est réservée aux seules demoiselles d'honneur... Malheur au téméraire qui oserait y pénétrer ! Grâce aux précautions de la reine, là, maintenant, est le séjour du calme, de l'innocence et du bonheur.

FONTANGES.

Tu me fais rire, parole d'honneur ! Je vous demande un peu, mes amis, si la consigne n'est pas du dernier ridicule ?

AIR du Piége.

Tiens, Gabriac, une jeune beauté
Que l'on enferme avec des soins sévères,
Je la compare à la grande cité
Que l'on entoure de barrières ;
Mais un amant se moque de l'octroi,
Car l'amour est une denrée
Qui sait franchir la barrière, crois-moi,
Sans acquitter jamais le droit d'entrée.

GABRIAC.

Tu as beau faire, Fontanges... il faut obéir aux ordres de la reine, ou, cette fois, elle se fâcherait tout de bon !... Elle t'en veut déjà beaucoup !...

FONTANGES.

Et pourquoi, je vous le demande ? Parce qu'elle a juré de me corriger, de me marier, et qu'avec tout le respect possible, je l'ai mise au défi de réaliser ce vertueux projet. Me marier !... moi !... Fontanges !... Quelle idée !... Ah ! si je trouvais à la cour une femme comme il n'y en a pas, à la bonne heure; mais j'en vois partout... comme il y en a trop! Et ce n'est pas de la médisance... vrai!.. Tenez, tous les jours, je m'embrouille dans mes rendez-vous.

GABRIAC.

Ah! ça, mais, à t'entendre, on dirait que tu ne rencontres pas de cruelles!

FONTANGES.

Qu'est-ce que c'est que ça?

GABRIAC.

Si j'osais te mettre au défi!

FONTANGES, étourdiment.

J'accepte!

GABRIAC.

Quoi! sérieusement?

FONTANGES.

Oui, pour vous prouver que je dis la vérité.

GABRIAC.

Eh bien! soit; mille louis si tu échoues.

FONTANGES.

Prépare ton argent!

GABRIAC.

Songes que, pour m'assurer la victoire, je vais te désigner une beauté farouche!

FONTANGES.

Je te donne huit jours pour la trouver.

GABRIAC.

Et, une fois trouvée, tu demandes?...

FONTANGES.

Vingt-quatre heures pour gagner le pari.

GABRIAC.

Mon choix est déjà fait... la présidente de Valency.

FONTANGES.

Oh! je ne veux pas te voler ton argent. Hier, elle m'a appelé monstre! Ainsi, choisis-la si tu veux!

GABRIAC.

Mademoiselle de Lussac.

FONTANGES.

Tiens, voici une tresse de ses cheveux!

GABRIAC.

Tu avais raison... je commence à croire qu'il me sera difficile...

FONTANGES.

Je t'ai donné huit jours... cherche!...

GABRIAC, passant à droite.*

Au fait, le hasard peut-être me servira mieux! (Jetant machinalement les yeux vers le parc réservé.) Justement... Fontanges, vois-tu cette jeune personne assise près du bosquet?...

FONTANGES.

Mademoiselle de Séricourt?... L'année dernière...

GABRIAC.

Non... l'autre à côté d'elle...

* Fontanges, Gabriac, Seigneurs dans le fond vers la gauche.

FONTANGES, passant devant Gabriac.

Mademoiselle Louise de Villiers?

GABRIAC.

Tu la connais aussi?

FONTANGES.

Oui, mais pour la plus inhumaine, la plus farouche des femmes!

GABRIAC.

Eh bien! c'est justement celle-là que je choisis!

FONTANGES.

Que le diable l'emporte!

GABRIAC.

Comment! tu refuses? N'importe... tu as accepté le pari, et tu es engagé. Eh bien! paie-moi, puisque tu t'avoues vaincu!

FONTANGES.

Par exemple!... je ne désespère jamais!... Avec elle, je n'ai suivi, jusqu'à présent, que la route battue... des petits billets bien tendres; mais il me reste mes grands moyens!...

GABRIAC.

Ainsi, Fontanges, demain, à pareille heure...

FONTANGES.

Un de nous deux aura perdu!... Messieurs, demain je vous invite tous à souper, pour célébrer ma victoire.

GABRIAC.

Ou pour te consoler de ta défaite!

FONTANGES.

Tu crois? Eh bien! mille louis! ce n'est pas payer trop cher le plaisir de rencontrer une rareté... mais je suis tranquille...

AIR du Serment.

L'amour me protège,
Et je vais ici
Commencer le siége
Contre l'ennemi!
Mais partez bien vite,
Car, en vieux soldat,
Déjà je médite
Mon plan de combat.
Demain, demain, cohorte joyeuse,
Gaîment venez tous
A notre rendez-vous!
Demain, demain, ma verve amoureuse
Aura devant vous
Les succès les plus doux.

TOUS.

Demain, demain, cohorte joyeuse,
Oui, nous viendrons tous
A notre rendez-vous!
Demain, demain, ta verve amoureuse
Aura devant nous
Les succès les plus doux!

(Ils sortent par la gauche, au quatrième plan.)

* Gabriac, Fontanges, Seigneurs,

SCÈNE IV.

FONTANGES.

Vingt-quatre heures pour faire connaissance et pour être adoré!... est-ce assez?... Je commence à avoir peur!... Ce diable de déjeûner m'avait donné une témérité... N'importe! je suis engagé! mon amour-propre d'ailleurs en souffrirait trop!... Voyons... reconnaissons le terrain, et commençons l'attaque!... (Montrant les barrières.) L'attaque... l'attaque... ces diables d'ouvrages avancés vont me faire perdre un temps précieux... Allons... il faut parlementer... En avant ma circulaire! j'en ai toujours une sur moi pour les cas désespérés....l'adresse est toute mise : « A elle. » Comme je ne sais jamais d'avance à qui je l'offrirai, je mets *à elle*. Maintenant, comment faire parvenir?...

SCÈNE V.

Le baron de FICHTANFERLICK, FONTANGES.

LE BARON, *entrant par la gauche, au quatrième plan.*
Ah! le voilà, ce cher Fontanges!
FONTANGES.
Bonjour, baron.
LE BARON.
Oh! appelle-moi ton élève... ne le suis-je pas? oui, ton indigne élève!
FONTANGES.
Indigne, non pas!.. Sais-tu bien, mon cher, que tu fais des progrès énormes dans l'art de séduire.
LE BARON, *avec fatuité.*
Oui!... ça ne va pas mal... Je me raffine... Du reste, avec un professeur comme toi, on ne peut faire que des pas de géant... et la preuve... tu sais, cette petite bourgeoise de Paris, rue des Arcis... une cruelle?... Eh bien, comme tu me l'avais conseillé, avant-hier au soir, j'ai escaladé son balcon... dix pieds du sol... vlan! Le mari, l'imbécile de mari qui était rentré... quel être monotone!... il ouvre la fenêtre, me saisit et m'envoie sur le pavé... Tous ceux qui étaient là, criaient : Il tombera pile, il tombera face!
FONTANGES.
Eh bien?
LE BARON.
Je ne suis pas tombé face... Tu vois, mon professeur, les amours vont bien... ça marche... ça marche!...
FONTANGES, *lui frappant légèrement sur l'épaule.*
Allons, nous ferons quelque chose de toi!

LE BARON, *au comble du ravissement.*
Vrai! je suis dans le ciel!... Papillonner, tromper, séduire... voir les larmes de ses victimes... quelle douceur!... Et dire que j'ai failli n'être qu'un homme ordinaire, végétant au fond de l'Allemagne, dans ma baronnie de Fichtanferlick, comme mes aïeux... Rester enfermé, moi!... fi donc!... Je suis comme les fleurs, j'ai besoin d'air et de soleil...

AIR d'Henri Potier.

Au château de Fichtanferlick
Qu'on voit aux portes de Munich,
D'abord, jeune célibataire,
Je vivais comme feu mon père,
Fumant et buvant à plein verre.
Seul, je passais le jour entier,
Cela finit par m'ennuyer,
Et je voulus me marier,
Oui, je voulus me marier!
Je me dis : Prenons une femme
Qui charmera toujours mon âme,
Et qui sera la noble dame
Du château de Fichtanferlick
Qu'on voit aux portes de Munich.

DEUXIÈME COUPLET.

La comtesse Pifpafpouffen
Me donna des pensers d'hymen.
J'épousai cette jeune blonde,
Aux yeux bleus, à la mine ronde,
Et qui se nomme Cunégonde.
Le premier mois, je fus content,
Mais le second, quel changement!
L'hymen me parut peu tentant. (*Bis.*)
Pour me soustraire au mariage,
Bientôt je me mis en voyage,
Laissant femme, soucis, ménage...
Au château de Fichtanferlick
Qu'on voit aux portes de Munich!

FONTANGES, *avec un sérieux comique.*
Comment! volage, vous avez délaissé cette pauvre baronne de Fichtanferlick?
LE BARON.
Parfaitement!... mais j'ai cherché un prétexte honnête... tu conçois? Avec les femmes, il faut des égards... je lui ai dit qu'elle m'ennuyait!... Je suis parti pour Saint-Germain... Saint-Germain, séjour d'agitation et de délices! je me suis voué à toi, Fontanges, tu m'as permis de te suivre, de t'étudier, de t'admirer!... Que d'intrigues amoureuses!... que de ruses! que de victoires! A la bonne heure! voilà la vie enivrante, pittoresque, accidentée... Quelle différence avec ce calme plat qu'ils appellent le bonheur domestique... Oh! pitié! pitié!... Mais dis donc, tu m'écoutes à peine, tu parais distrait?
FONTANGES, *regardant toujours à droite.*
Oui, et je suis même très embarrassé!

LE BARON.
Toi! pas possible!
FONTANGES.
Je ne sais comment remettre ce billet!
LE BARON, comme frappé d'une idée.
Attends!... il faut le donner à la personne à laquelle tu le destines...
FONTANGES.
Ah! tu as trouvé cela?
LE BARON, avec suffisance.
Eh bien! il y a six mois, j'aurais été incapable.
FONTANGES.
Le temps s'écoule... une heure de perdue, c'est beaucoup!... mais que faire? (A part, et regardant dans la coulisse, à droite.) Oh! je ne me trompe pas... elle est seule!... ses yeux se dirigent de ce côté... Quelle inspiration!... dans un instant elle sera là... près de moi... et je lui remettrai mon billet... (Au baron, en tirant son épée et en élevant la voix.) En garde! monsieur.
LE BARON, reculant.
Finis donc!
FONTANGES.
En garde! vous dis-je. Votre vie ou la mienne!
LE BARON.
Quelle bêtise! mais tu vas me blesser!
FONTANGES, bas.
Mets donc l'épée à la main... ferraillons un peu... n'aie pas peur... j'ai une idée!...
LE BARON, tirant son épée.
Tu as une idée!...
FONTANGES, portant plusieurs bottes au baron, et lui faisant gagner la droite en tournant.*
Ah! ah! monsieur!
LE BARON.
Ah! ah! monsieur! (Bas.) Pourquoi ça, hein?
FONTANGES, bas.
Tu le sauras,... va toujours. (Haut.) Je vous apprendrai à parler ainsi!
LE BARON, haut.
Ça me fait plaisir! monsieur... (Bas.) Oh! tu me piques!... tu me piques!...
FONTANGES, bas, et toujours ferraillant.
Quand je laisserai tomber mon épée et que je jetterai un cri, sauve-toi... cours m'attendre à la fontaine de Neptune!...
LE BARON, bas.
A la fontaine?... Je me noie dans un torrent de conjectures... mais pourquoi tout ça?...
FONTANGES, bas.
Ça ne te regarde pas. (Haut, en paraissant attaquer le baron.) Ah! ah!
LE BARON, se défendant.
Oh! oh!

* Fontanges, le Baron.

FONTANGES, apercevant Louise.
Ah!
(Il laisse tomber son épée et enveloppe vivement sa main avec son mouchoir.)
LE BARON, s'échappant par la gauche, au fond.
Tu l'as voulu!

SCÈNE VI.

FONTANGES, LOUISE, accourant avec effroi.

LOUISE.
O ciel! ce combat!...
FONTANGES.
Rassurez-vous, mademoiselle!
LOUISE.
Vous êtes blessé!... vite du secours!
FONTANGES.
Ne vous alarmez pas!... un rien... une égratignure!
LOUISE.
Mais vous paraissez souffrir...
FONTANGES.
Un peu, je l'avoue... mais cette souffrance, je la chéris! c'est pour elle!!
LOUISE.
Pour elle?
FONTANGES.
Cet étranger!... ce baron allemand!... oser parler avec une telle légèreté de la plus noble personne!... Ah! le sort m'a bien mal servi!... mais j'aurai ma revanche!... nous nous reverrons!
LOUISE.
Aller risquer encore votre existence!...
FONTANGES.
Ah! mademoiselle, c'est pour la plus belle et la plus sainte des causes!... Puis-je entendre de sang-froid outrager la vertu, la candeur? Ah! que ne suis-je mort en combattant pour elle!... C'est mon idole! l'espoir de mes jours!... le rêve de mes nuits!... Mais hélas! je soupire en vain!... ces billets où je traçais si faiblement mon amour, a-t-elle daigné les lire? je l'ignore!... Elle a eu la cruauté de me les rendre!
LOUISE, baissant les yeux.
Pouvait-elle croire à l'attachement du marquis de Fontanges?...
FONTANGES.
Hélas! je le vois... on m'a encore calomnié!... Ah! j'ai bien des ennemis!... ou plutôt personne n'a pu me deviner!... Si mes hommages ne se sont pas toujours adressés à la même femme, c'est que toujours je cherchais un cœur qui comprît le mien!... une âme!... une âme qui pût s'unir à la mienne!... Mais non... partout indifférence, froid calcul, coquetterie, sermens trompeurs... Et cependant je ne pouvais renoncer au désir, au be-

soin de réaliser le rêve que mon imagination s'était formé !... la douce chimère qui seule m'attachait à la vie !... Voilà pourquoi, le désespoir au cœur, je cherchais toujours... Mais enfin le ciel m'a pris en pitié... il a donné la réalité à mes plus doux songes... Oh ! oui, j'ai rencontré l'assemblage le plus parfait !...

AIR d'Henri Potier.

C'est une jeune et blanche fille
Qui nous charme sans le savoir !
Sur son beau front la candeur brille,
Seule, elle ignore son pouvoir.
A mon amour qu'elle pardonne,
Pitié pour moi, point de courroux ! (*Bis*.)
Est-ce outrager une madone
Que de l'adorer à genoux ?

(Il se jette aux pieds de Louise.)

LOUISE, regardant autour d'elle.

Monsieur, si l'on vous voyait !...

FONTANGES, se levant.

Vous le voulez ?... je m'éloigne ! mais prenez cet écrit où j'ai tracé tous les vœux de mon cœur !

LOUISE.

Monsieur !...

FONTANGES.

Ne rejetez pas ma prière !... et de votre arrêt dépendra ma vie ou ma mort !

LOUISE, vivement.

Votre mort !... (Elle prend le billet.)

ENSEMBLE.

AIR du Cheval de bronze.

FONTANGES, à part.

D'obtenir sa tendresse,
J'ai trouvé le moyen.
Quel bonheur ! quelle ivresse !
Je la tiens ! je la tien !

LOUISE, à part.

D'obtenir sa tendresse,
J'ai trouvé le moyen.
En ce jour, quelle ivresse !
Quel bonheur est le mien !

(Sur la ritournelle finale, le marquis salue Louise, ramasse son épée et s'éloigne par le fond, à gauche, en jetant sur Mlle de Villiers de tendres regards.

SCÈNE VII.

LOUISE, seule.

Ah ! que je suis émue ! Pauvre jeune homme ! se battre en duel ! risquer sa vie pour moi !... comme il m'aime !... Oh ! oui, ce respect... ce dévoûment... cette fois, son amour est véritable... Cependant... dois-je lire ce billet ?... c'est mal, peut-être... Ah ! je ne puis lutter contre mon cœur... (Lisant la lettre.) « Mademoiselle, que je » souffre de vous voir douter de mon amour. Je » vous aime ! non pas de cet amour qui s'oublie » aussi vite qu'il est juré !... mais de cet amour » qui ne finit que lorsque le cœur a cessé de bat- » tre !... Ce soir, je vous attendrai dans le parc, » près du bosquet de roses. Oh ! loin de moi la » pensée de vous tromper... j'en suis incapable !... » une chapelle sera disposée... un prêtre recevra » nos sermens : il faut encore envelopper notre » hymen de mystère... je crains la colère d'un on- » cle !... Il a juré de me maudire si je me marie ; » mais, une fois mariés, nous irons nous jeter à » ses pieds, et, en vous voyant... il faudra bien » qu'il pardonne ! A ce soir, ou je meurs ! — » Fontanges. » Qu'ai-je lu ! un mariage ! je serais sa femme !... Voyez un peu comme on le calomnie !... c'est le plus honnête homme !...

(Elle relit la lettre des yeux.)

SCÈNE VIII.

LOUISE, LE BARON, entrant par la gauche.

LE BARON, sans voir Louise.

Voilà une heure que je suis à regarder le trident de Neptune... et ça n'est pas piquant... Où diable Fontanges est-il passé ? (Apercevant Louise.) Oh ! la jolie personne ! (Il descend la scène.)

LOUISE, à elle-même.

Non, je suis sûre qu'il ne veut pas me tromper !

LE BARON, à part.

Attends ! attends !... je vais porter le désordre dans ton cœur, friponne !

LOUISE, de même.

D'ailleurs, ce combat pour défendre ma réputation !... Oh ! mais que la reine connaisse vite mon bonheur !...

(Elle fait un pas pour rentrer dans le parc réservé, le baron se trouve devant elle.)

LE BARON.

Bonjour, ma divine... Vous voyez en moi le baron de Fichtanferlick... un joli homme ! un raffiné !

LOUISE.

Vous osez me parler, monsieur, après votre indigne conduite envers moi ?

LE BARON.

Plaît-il ?

LOUISE.

Chercher à noircir ma réputation !...

LE BARON.

J'ai cherché à vous noircir ?... De cette accusation-là, je sortirai blanc comme neige !... Moi, ternir la réputation d'une belle ?... Oh ! jamais ! j'ai fait mes preuves ! Tenez, dernièrement encore, en Espagne !... pour sauver l'honneur de mon Andalouse, j'ai pris les vêtemens d'une jeune suivante ! l'illusion était complète !...

AIR : Connaissez-vous, dans Barcelone.

Sous le corset et la mantille,
Que j'étais beau ! que j'étais frais !
La vieille et nouvelle Castille
N'avaient jamais vu jeune fille
Posséder d'aussi doux attraits.

On vantait ma candeur, mes grâces ;
Mes regards tendres, séducteurs,
Attiraient bientôt sur mes traces
Les seigneurs des plus nobles races,
Et j'assassinais tous les cœurs.

Sous le corset et la mantille, etc.

Épris de la plus vive flamme,
Pour moi cent rivaux, fer en main,
De leurs jours tranchèrent la trame.
Un instant j'ai craint, sur mon âme,
De dépeupler le genre humain,
Surtout le genre masculin !

Sous le corset et la mantille, etc.

LOUISE.

Assez, monsieur ! assez ! je me retire, pour ne pas forcer M. de Fontanges à venger un nouvel outrage.

(Elle sort vivement par la droite, au deuxième plan.)

SCÈNE IX.

LE BARON, seul.

Permettez, mademoiselle... il y a erreur !... Elle ne veut rien entendre !... Que signifie ?... Fontanges... un nouvel outrage !... Si j'y comprends un mot, je consens à être noyé ou à retourner auprès de ma femme ! l'un ou l'autre, ça m'est égal !... Ah ça, mais, voyons... est-ce que j'aurais fait quelque gaucherie ? Je n'en suis pas capable, cependant...

SCÈNE X.

FONTANGES, LE BARON.

FONTANGES, arrivant par la gauche au fond.

Ah ! je te trouve, enfin ! que viens-tu faire ici ?

LE BARON.

Mon ami, je...

FONTANGES.

J'avais mes raisons, en te disant de m'attendre près de la fontaine... je ne voulais pas que tu vinsses ici, que tu rencontrasses une personne !... je suis certain que tu as tout gâté !

LE BARON.

Allons donc ! allons donc ! pour qui me prenez-vous ? je ne gâte jamais rien... D'ailleurs, je n'ai vu personne ici...

FONTANGES.

Bien vrai ?

LE BARON.

Sur la tête de madame de Fichtanferlick ! Attrape !...

FONTANGES.

Je respire !... j'avais une peur ! Voici le jour qui baisse, écoute : j'attends ici... car elle viendra, j'en suis sûr... il s'agit d'un enlèvement, et il me faut une voiture sans armoiries...

LE BARON.

Parbleu ! ma chaise...

FONTANGES.

Le cocher, sans livrée... un homme discret !...

LE BARON.

Attends !... pour plus de sûreté, une houppelande sur les épaules, un chapeau sur les yeux, et je grimpe moi-même sur le siège !... Je suis grimpeur !

FONTANGES.

A neuf heures, trouve-toi là, derrière cette petite porte. (Il désigne la petite porte du fond.)

LE BARON.

Et comment sortir ?

FONTANGES.

Tu crois que je n'y ai pas songé ?... Voilà deux ans que cette porte s'ouvre pour moi !... grâce à certaine clé que le serrurier m'a vendue au poids de l'or... tiens, prends-la...

LE BARON, en prenant la clé.

Faire faire une clé par un serrurier !... quelle intelligence ! Ah ça, où conduisons-nous la belle ?

FONTANGES.

A la chapelle de Saint-Hilaire... tu sais, au village ici près...

LE BARON, sévèrement.

Tu veux donc faire une fin ? Est-ce que tu te dérangerais ?

FONTANGES.

Puisque dans mes circulaires je parle toujours d'un mariage secret, il faut bien faire d'abord une démonstration !...

LE BARON.

Mais si la belle exige un mariage véritable ?...

FONTANGES.

Elles l'exigent toutes, et pas une ne l'obtient !..

LE BARON.

Mais, comment fais-tu ?

FONTANGES.

C'est tout simple... grâce à mon oncle le chanoine... Le brave homme ! on le croit riche, et il ne possède rien ! Il y a cinq ans, j'ai été le trouver : « Mon oncle, je vous en prie, n'accordez jamais votre consentement à mon mariage... Ne vous lassez pas de crier bien haut que vous me déshériterez, que vous me donnerez votre malédiction, si je me marie!!! » Mon oncle a parfaitement joué son rôle jusqu'ici... dès qu'il entend parler de mariage pour moi... (Faisant le geste de maudire.) il est de là, tout de suite... v'lan !... Je lui fais une pension pour ça.

AIR : Qu'il est flatteur d'épouser celle.

Je lui donne, je te l'assure,
De grandes occupations,
Car, volage de ma nature,
J'ai, par mois, trente passions.
Ah ! je lui couperais les vivres,
S'il se montrait récalcitrant...
Je veux, pour mes douze cents livres,
Être maudit cent fois par an.

LE BARON.

Il faudra que tu me procures un chanoine à ce prix-là.

FONTANGES.

C'est facile !

LE BARON.

Mais avec la malédiction, parce que, sans ça, un chanoine, ça ne vaudrait pas douze cents livres. (Il fait une fausse sortie, puis revient.) Mais j'y songe ! autre difficulté...

FONTANGES.

Laquelle ?

LE BARON.

En arrivant à la chapelle, tu seras bien obligé de t'exécuter !... ah ?

FONTANGES.

Bah ! à neuf heures, l'ermite n'est jamais à la chapelle de Saint-Hilaire... la belle s'impatiente. moi, je crie, toi, tu jures... le temps passe, les heures s'écoulent, la belle ne peut plus rentrer au logis, et...

LE BARON.

Eh ! eh ! eh !... coquin ! sommes-nous trompeurs ! sommes-nous méchans !

FONTANGES.

L'heure du rendez-vous approche... Va... dès que tu seras avec la voiture, derrière cette muraille, tu m'avertiras par un signal...

LE BARON.

Oui... par un signal ingénieux... et mystérieux !

FONTANGES.

Mystérieux, surtout...

LE BARON.

Très mystérieux. (A part.) Je sonne parfaitement du cor de chasse. (Haut.) Je vais tout disposer...

ENSEMBLE.

AIR : Séduisante image ! (Gustave.)

Compte sur mon zèle
Je suis toujours prêt ;
Pour prendre la belle,
Tendons le filet.

LA CHASSE AUX MARIS.

FONTANGES.

Ami plein de zèle,
Tiens-toi toujours prêt ;
Pour prendre la belle,
Tendons le filet.

(Le baron sort par la petite porte du fond ; nuit complète au théâtre.)

SCÈNE XI.

FONTANGES, seul, au fond.

Tout marche à merveille ! Gabriac, mon ami, les mille louis sont à moi.
(Pendant la ritournelle, il descend la scène à gauche.)

AIR de Henri Potier.

Non, jamais de crainte importune,
Tout me sourit !
Oui, vraiment, ma bonne fortune
Partout me suit.
Quand on me parle de cruelles,
Je ris tout bas !...
Ces grandes vertus, où sont-elles ?
Je n'en vois pas !
(Pendant la ritournelle, il gagne la droite.)

DEUXIÈME COUPLET.

Mais déjà la nuit m'environne,
Par Cupidon !
Bientôt j'ajoute à ma couronne,
Nouveau fleuron !
Quand je parle de mariage,
Cela fait bien !
On se dit : Je tiens le volage !
On ne tient rien !
(En ce moment, les vitraux de la chapelle s'éclairent tout à coup.)

(Regardant vers le perron à gauche.) Cette clarté !.. dans la chapelle du château... à une pareille heure !... que signifie ?... (Musique religieuse à l'orchestre, après les premières mesures.) Ces accords !..
(En ce moment, deux domestiques portant des flambeaux descendent lentement les degrés du perron et se tiennent au bas de l'escalier. — Demi-jour au théâtre. — Après les domestiques, viennent des seigneurs, des officiers et des demoiselles d'honneur, qui forment une haie depuis le bas des degrés du perron jusqu'à l'extrémité droite, deuxième plan. — Mlle de Séricourt paraît alors. — Les pages de la reine ferment le cortège et se tiennent sur le perron.)

SCÈNE XII.

Mlle DE SÉRICOURT, FONTANGES.

Mlle DE SÉRICOURT.
Monsieur le marquis, on vous attend!
FONTANGES, étonné.
On m'attend?
Mlle DE SÉRICOURT.
Sans doute!
FONTANGES.
Et pourquoi faire?
Mlle DE SÉRICOURT.
Pour votre mariage avec Mlle Louise de Villiers.
FONTANGES, stupéfait.
Pour mon mariage?
Mlle DE SÉRICOURT.
On a voulu vous éviter la peine de sortir du château pour former de si doux nœuds!... Vous le voyez, monsieur le marquis, le bonheur vient s'offrir à vous...
FONTANGES, embarrassé.
Mais cette union!... ici... c'est impossible.... Louise appartient à la reine, et il faut, avant tout, son consentement.
Mlle DE SÉRICOURT.
C'est prévu!... Sa majesté connaissait votre attachement pour Mlle de Villiers, votre amour si pur, si sincère!... Elle est là dans la chapelle, pour assister au mariage de sa filleule.
FONTANGES.
Mais on n'y a pas songé!... un hymen aussi public!... Qu'on me laisse le temps de prévenir mon oncle le chanoine... de le faire consentir... sans cela, il me déshériterait!... il me maudirait!...
Mlle DE SÉRICOURT.
C'est encore prévu! La reine l'a mandé tout exprès... il consent à votre félicité!... et c'est lui qui va bénir votre heureuse union!
FONTANGES, tout décontenancé.
Ah! c'est lui qui va... (A part.) Ah! maudit oncle! je te supprime tes douze cents livres!... tu mourras d'inanition!...
Mlle DE SÉRICOURT, aux seigneurs et aux officiers.
Allons, messieurs, la reine peut s'impatienter.
FONTANGES, à part.
AIR du Duc d'Olonne.
Que faire? Ah! j'enrage!
Quoi! le mariage
Pour jamais m'engage...
Et fuir je ne puis!
La reine l'ordonne,
La reine en personne!
Oh! tout m'abandonne;
Hélas! je suis pris!

Mlle DE SÉRICOURT et LE CHOEUR.
De ce mariage
Vraiment il enrage;
Et moi, de sa rage
De bon cœur je ris!
La reine l'ordonne,
La reine en personne!
Oui, tout l'abandonne,
Et le voilà pris!

(Fontanges ne sachant plus où donner de la tête, offre machinalement la main à Mlle de Séricourt. — Ils montent les degrés du perron, précédés des pages et suivis des dames et des officiers; quand les domestiques ont disparu, nuit au théâtre. — Quand il n'y a plus personne en scène, on voit un carrosse s'avancer derrière le mur de clôture; le Baron est sur le siège; il est couvert d'un manteau de cocher, et tient un cor de chasse.)

SCÈNE XIII.

LE BARON, cherchant à distinguer dans le parc.

Fontanges!... Fontanges!... personne!... Où diable peut-il être?... Donnons-lui le signal convenu. (Il joue sur son cor de chasse l'air: *C'est le roi Dagobert*.) Est-ce que, pour réussir, il n'aurait pas eu besoin d'aller à la chapelle de St-Hilaire? Voyons, en sourdine! (Il reprend sur son cor l'air précédent, mais beaucoup plus fort, et finit par un couac.) Rien!... Il faut qu'il soit bien occupé pour ne pas m'entendre! (On entend une musique religieuse dans la chapelle.) Qu'est-ce que c'est que ça? Diable!... il faut savoir... (On le voit quitter son siège, et il entre presque immédiatement par la petite porte du fond.) Voyons!... voyons... (Regardant dans la chapelle.) Que de monde!... Pourquoi donc à cette heure-ci?... Mais... oui... j'aperçois Fontanges! près de l'autel! Que fait-il là?... Ah! j'y suis!... quelque nouveau piége qu'il tend à la beauté et à l'innocence!... et la pauvre petite qui est là, à côté de lui!... Elle croit tenir un mari!... Oui!... cherche!... les maris, c'est usé, c'est passé de mode, c'est province, ma chère amie!... On n'en tient plus!

SCÈNE XIV.

FONTANGES, LE BARON, LE CORTÉGE de la scène douzième, puis GABRIAC. — Demi-jour au théâtre.

FONTANGES, descendant vivement les degrés du perron.
C'est affreux!... c'est infâme!... tant de duplicité!...

ACTE I, SCENE XV.

LE BARON, bas à Fontanges.

Eh bien ! mauvais sujet, il paraît que ça marche joliment !

FONTANGES, à part.

Joué ! joué par une femme !... je suis d'une colère !...

LE BARON.

Ah ! ça, mais qu'as-tu donc ? tu n'as pas l'air satisfait ?

FONTANGES.

Je crois bien !... je suis marié !

LE BARON.

Pour rire ?

FONTANGES.

Pour tout de bon !

LE BARON.

Voyons ! ne me fais donc pas de ces frayeurs-là !

GABRIAC, entrant et frappant sur l'épaule de Fontanges.

Bravo ! bravo, cher marquis !... j'ai perdu la gageure, et je t'apporte ton argent ! Par exemple, je ne croyais pas que, pour gagner un pari, tu ferais allumer les flambeaux de l'hyménée.

FONTANGES, avec colère.

Au diable ! ton argent...

GABRIAC.

Non, non, il est à toi !... tu l'as péniblement gagné...

FONTANGES à part.

Pris au piége comme un enfant !... en but à la raillerie de tous ! Il ne me reste qu'un moyen !... (Tout en écrivant sur ses tablettes.) Baron !...

LE BARON.

Hein ?

FONTANGES.

La voiture ?

LE BARON.

Elle est là depuis une heure ! Tu n'as donc pas entendu la voix de l'amitié, sur le cor ?... Mais j'avais comme un pressentiment... j'ai joué faux !

FONTANGES.

Nous allons partir !

LE BARON.

Bah !

FONTANGES, à Gabriac.

Dis-moi, une affaire importante m'oblige à m'éloigner pour quelques instans... Tu voudras bien remettre ce billet à...

GABRIAC.

A qui ?

FONTANGES.

Parbleu !... à ma femme !... Ma femme ! il y a pourtant des gens qui se font à ce mot-là !

(Il donne à Gabriac le feuillet qu'il vient de déchirer de ses tablettes.)

LE BARON.

Pas moi !

FONTANGES.

Tu as bien raison... (En ce moment, le chœur, qui est censé voir Louise sortir de la chapelle, fait deux ou trois pas vers le perron et démasque l'extrême droite.) La voici !... viens, partons !

LE BARON.

Oui, pauvre victime !

(Ils se glissent furtivement derrière le chœur et disparaissent par la petite porte du fond. Gabriac les suit en appelant Fontanges, qui s'éloigne sans lui répondre.)

SCÈNE XV.

LOUISE, GABRIAC, Mlle DE SÉRICOURT, Seigneurs, Officiers, Demoiselles d'honneur, Pages, Domestiques.

CHOEUR.

AIR des Deux nuits.

La belle nuit, la belle fête !
Pour leur bonheur (*bis*), oui, tout s'apprête !
Soyez heureux, tendres époux,
Et bénissez des nœuds si doux !

(Trémolo à l'orchestre jusqu'à la reprise du chœur.)

Mlle DE SÉRICOURT, qui, pendant la ritournelle, a porté ses regards de tous côtés.

Eh bien ! où donc est le mari ?

GABRIAC, à Louise, en lui remettant la lettre de Fontanges.

Il a laissé ce billet pour vous, madame.

LOUISE, après y avoir jeté les yeux.

Grand Dieu ! qu'ai-je lu ?...

Mlle DE SÉRICOURT.

Qu'as-tu donc ?... pourquoi cette pâleur ?... tu chancelles !...

LOUISE, lui donnant la lettre.

Tiens... lis... Pour moi plus de bonheur !...

(Les demoiselles d'honneur s'avancent pour donner des secours à Louise, qui est à gauche. — Mlle de Séricourt est au milieu, et lit la lettre des yeux. — Les seigneurs forment un groupe à droite, autour de Gabriac, et semblent l'interroger. — Le rideau baisse.)

REPRISE DU CHOEUR.

La belle nuit, la belle fête ! etc.

DEUXIÈME ACTE.

Une salle d'auberge. A gauche, au deuxième plan, une porte sur laquelle on lit n° 7. A gauche, une autre porte avec le n° 8. Du même côté, au premier plan, une fenêtre. Porte au fond, buffet, chaises rustiques. Sur une table au fond à droite une lampe allumée.

SCÈNE I.

FANCHETTE, puis FONTANGES.

FANCHETTE, *sortant de la chambre n° 8.*
Oui, madame la comtesse, soyez tranquille... dans un instant vous pourrez partir...
FONTANGES, *entrant sur les derniers mots, à part.*
La comtesse!... partir?... Diable! ceci ne fait pas mon compte... (Haut, en arrêtant Fanchette qui se dispose à sortir.) Où vas-tu, Fanchette?
FANCHETTE.
A la poste... commander quatre chevaux pour Mme la comtesse de Neumarck... dans un quart d'heure, elle veut être sur la route de Saint-Germain.
FONTANGES.
Elle ne partira pas!
FANCHETTE.
Et pourquoi ça?
FONTANGES.
J'ai mes raisons, Fanchette.
FANCHETTE.
Mais encore?...
FONTANGES.
Parce que la comtesse est charmante!
FANCHETTE.
Vous appelez ça des raisons?
FONTANGES.
Je n'en vois pas de meilleures à te donner... Elle n'est ici que depuis hier au soir... eh bien! elle m'a inspiré la passion la plus violente! Je lui ai déjà fait ma déclaration... et je veux accompagner Mme de Neumarck au bal masqué que nous donne ce soir le gouverneur de la ville... Je m'oppose donc à ce que la comtesse s'éloigne.
FANCHETTE.
Et comment l'empêcherez-vous?...
FONTANGES.
Comment?... Ne suis-je pas colonel?... Eh bien, je vais mettre tous les chevaux du pays en réquisition... Fanchette, le service de l'armée l'exige! la sûreté du royaume l'ordonne!
FANCHETTE.
Ah ça, mais, si ce qu'on m'a dit est vrai, vous êtes marié depuis peu... pensez donc à votre pauvre femme!
FONTANGES.
Ma femme! ma femme!... ce mot me met dans une colère!... Eh bien! oui... c'est pour oublier ma femme que je m'adresse à d'autres!
FANCHETTE.
Quelle horreur! Monsieur le marquis, prenez-y garde, le ciel vous punira... Enfin, voilà quinze jours à peine que vous êtes venu, à Verdun, rejoindre votre régiment, eh bien! c'est une désolation dans notre petite ville... Avant votre arrivée, on n'avait jamais entendu parler d'un accident...
FONTANGES.
Pas possible!
FANCHETTE.
Comme je vous le dis.
FONTANGES.
Et on vivait tout de même?
FANCHETTE.
Il paraît que l'air du pays le permet...
FONTANGES.
On a vu des miracles...
FANCHETTE.
Mais, maintenant, grâce à vous et à votre ami, le baron de Fichtanferlick...
FONTANGES.
A propos?... voilà deux jours qu'il m'a quitté pour se mettre à la poursuite de la plus jolie petite meunière... lui serait-il arrivé quelque malheur, à mon élève? (*On sonne au n° 8.*)
FANCHETTE.
Tenez, voilà Mme de Neumarck qui s'impatiente...
FONTANGES.
Bon! je cours donner les ordres nécessaires... Belle comtesse, vous ne m'échapperez pas!
FANCHETTE.
Mais que lui dirai-je?
FONTANGES, *lui donnant une pièce d'or.*
Tout ce qu'il te plaira.
FANCHETTE.
Mais encore?...
FONTANGES.
Eh bien! tu l'as entendu?... le service de l'armée...
FANCHETTE.
Oui... et la sûreté du royaume...
FONTANGES.
AIR : Au temps heureux de la chevalerie.

Elle voudrait se remettre en voyage,
Moi, je prétends qu'elle demeure ici;

Et j'ai trouvé le seul moyen, je gage,
De contenter nos désirs aujourd'hui.
En tendre amant, près d'elle je me poste,
Et je vaincrai sa rigueur, son dédain ;
En l'empêchant de voyager en poste,
Je lui ferai pourtant voir du chemin !
(Il sort par le fond.)

SCÈNE II.

FANCHETTE, puis LA BARONNE DE FICHTANFERLICK.

FANCHETTE.

Quel homme, bon Dieu, quel homme ! M. Guillaume, le gros mercier, a bien raison de dire que, pour éloigner ce fléau-là, on devrait ordonner des prières, et faire une procession par la ville !

LA BARONNE, sortant du n° 8.

Eh bien ! personne ne répond ?

FANCHETTE.

Pardon, madame, me voilà !

LA BARONNE.

Allons, mon enfant, je veux partir !

FANCHETTE.

Mon Dieu ! ça n'est pas possible, madame.

LA BARONNE.

Et pourquoi ?

FANCHETTE.

Pour le transport des bagages de l'armée, on vient de prendre tous les chevaux du pays.

LA BARONNE.

Il n'en reste pas pour le service des voyageurs ?

FANCHETTE.

Pas le plus petit petit...

LA BARONNE.

Ah ! quelle contrariété !

FANCHETTE.

Cela vous afflige, madame ?

LA BARONNE.

Oh ! beaucoup !

FANCHETTE.

Il faut qu'un motif bien important appelle madame à Saint-Germain ?...

LE BARON, en dehors.

Hé, Fanchette ! hé, la maison !

LA BARONNE, à part.

Qu'entends-je !... cette voix... (Haut.) Dis-moi, sais-tu qui appelle ?

FANCHETTE.

Un de nos bons sujets qui revient... le baron de Fichtanferlick.

LA BARONNE, à part.

Le baron !

FANCHETTE.

Vous permettez, madame, que je vous quitte ?... mon devoir...

LA BARONNE.

Va, va !

FANCHETTE, faisant une révérence.

Votre servante ! (Elle sort par le fond.)

SCÈNE III.

LA BARONNE, seule.

Le baron ici !... comment se fait-il ?... (Courant à la fenêtre.) Oui, le voilà galant, empressé, auprès d'une jeune dame... elle paraît accueillir ses soins... Mais c'est une infamie !

AIR : Je le tiens ! (Fille de Dominique.)

C'est bien lui,
Aujourd'hui,
Par qui l'hymen est trahi !
Je le vois,
Loin de moi,
Osant manquer à sa foi !
(Elle quitte la fenêtre.)
C'est ainsi que les époux
Dépensent leurs feux si doux ;
Et pour leurs femmes, hélas !
Il n'en reste pas !

REPRISE.

C'est bien lui, etc.

SCÈNE IV.

LA BARONNE, LOUISE, FANCHETTE.

(Louise est enveloppée dans une grande mante noire, et tient à la main un masque de velours.)

FANCHETTE, à Louise.

Par ici, madame, au n° 7... une chambre bien commode... deux marches à descendre, et vous êtes dans le jardin.

LOUISE.

Je vous suis...

LA BARONNE, à Louise.

Permettez, je voudrais vous parler un instant..

LOUISE.

A moi ?

LA BARONNE.

A vous !

LOUISE.

Volontiers.

LA BARONNE, faisant à Fanchette signe de se retirer.

Fanchette !...

FANCHETTE.

Je vous laisse, et je vais disposer la chambre de madame. (Elle entre au n° 7.)

SCÈNE V.

LA BARONNE, LOUISE.

LOUISE.
Nous voilà seules, madame, je vous écoute.

LA BARONNE.
Quel air de candeur, de timidité !... Fiez-vous donc aux apparences !

LOUISE.
Que voulez-vous dire ?

LA BARONNE.
Je veux dire que je suis outrée, furieuse !

LOUISE.
Contre qui, bon Dieu ?

LA BARONNE.
Contre vous !... Avoir une conduite pareille ! paraître écouter les propos galans d'un homme !

LOUISE.
Comment ?

LA BARONNE.
J'étais là, à cette fenêtre... j'ai tout vu... les soins empressés de ce cavalier, vous les receviez avec un plaisir...

LOUISE.
Bien grand, je vous assure...

LA BARONNE.
Vous osez l'avouer ?

LOUISE.
Sans doute.

LA BARONNE.
L'aveu est naïf ! Sachez que si c'est une grande faute d'écouter un séducteur, cette faute devient un crime, lorsque le séducteur ne s'appartient plus !...

LOUISE.
Oh ! je sais que le baron est marié, qu'il a abandonné sa pauvre femme, qu'elle gémit en Allemagne...

LA BARONNE.
Elle n'est plus en Allemagne ! elle ne gémit plus ! elle a bien autre chose à faire !... Instruite du séjour de son mari à Saint-Germain, elle s'y rendait sous un nom emprunté pour déjouer les intrigues du perfide...

AIR : Adieu ! je vous fuis, bois charmans.

En vain, l'on voudrait me duper ;
Mais ce n'est pas chose facile !
En vain, il prétend m'échapper,
J'ai des droits... et je suis tranquille.
De son cœur, par la trahison,
On peut devenir locataire ;
Mais, halte-là !... car du baron,
Moi, je suis la propriétaire !

LOUISE.
Vous ?

LA BARONNE.
Ah ! vous voilà anéantie, n'est-ce pas ?

LOUISE.
Non... et je remercie le ciel de vous avoir rencontrée...

LA BARONNE.
Expliquez-vous !

LOUISE.
Nous ne nous connaissons que depuis un instant, mais notre position est la même ; je puis avoir confiance en vous. Vous venez en France pour regagner le cœur de votre époux, madame... je viens ici pour me rapprocher du mien.

LA BARONNE.
Vous êtes mariée ?

LOUISE.
Depuis quinze jours !... et, au sortir de la chapelle, mon mari m'a abandonnée aussi !... Il est parti... il m'a déchiré le cœur ! La reine a eu pitié de mon désespoir... elle m'a dit : « Louise, partez... allez habiter le château de Séricourt... il n'est qu'à trois lieues de Verdun... Là... vous serez près de votre époux... et vous pourrez peut-être... »

LA BARONNE.
Mais tout cela n'est pas une raison pour écouter M. de Fichtanferlick.

LOUISE.
Le baron est l'ami de mon mari...

LA BARONNE.
Ah !

LOUISE.
J'ai appris que le gouverneur donnait ce soir un bal masqué !... j'ai remercié le ciel, puisque, grâce à cette fête, je pouvais me rapprocher de mon mari, sans être reconnue... Pour éloigner tous les soupçons, j'ai laissé ma voiture à deux lieues de la ville, et je suis montée dans le coche... le baron s'y trouvait déjà... Tout en lui cachant qui j'étais, j'ai tiré de lui des renseignemens précieux pour l'accomplissement de mes projets.

LA BARONNE.
Vos projets, quels sont-ils ?

LOUISE.
Oh ! je ne sais comment vous dire... (Ouvrant un médaillon qu'elle porte au cou.) Tenez, madame, dans ce médaillon est le billet que mon mari m'a donné en me quittant... vous devinerez tout.

LA BARONNE, lisant.
« Madame, je vous félicite de l'adresse que vous avez mise à vous faire épouser ; mais contentez-vous de porter mon nom, car, je vous le jure, vous ne serez réellement ma femme, que lorsque vous m'aurez prouvé avoir passé, avec moi, un quart d'heure de tête-à-tête. Cela vous sera difficile : je pars pour rejoindre mon régiment... Je quitte pour long-temps la cour, où je crains, avant tout, le ridicule ! — Le marquis de

Fontanges. » Que vois-je! le marquis de Fontanges... c'est votre mari ?

LOUISE.
Vous le connaissez ?

LA BARONNE.
Je le crois bien... il me fait la cour.

LOUISE.
Ah! mon Dieu!

LA BARONNE.
Rassurez-vous : quoique mon baron soit un perfide, un volage, j'ai la faiblesse d'y tenir ! Entendons-nous pour punir nos infidèles ! Les hommages que le baron vous adresse, les soins que M. de Fontanges me prodigue, ne pourront que nous servir... Ainsi, c'est convenu... (Tendant la main à Louise.) De ce jour, nous sommes amies... alliance offensive et défensive! guerre à messieurs les maris !

AIR du Triolet bleu.

De perfides maris
Causent tous nos ennuis ;
Il faut, c'est mon avis,
Qu'ils soient bientôt punis !
Dans un juste courroux,
Toutes deux liguons-nous ;
Se venger d'un époux,
C'est si bon, c'est si doux !

SCÈNE VI.

LA BARONNE, LOUISE, FANCHETTE.

FANCHETTE, à Louise.
Votre appartement est prêt.

LOUISE, à la baronne.
Venez, madame !

REPRISE ENSEMBLE.
De perfides maris, etc.

(Louise et la baronne entrent au n° 7, suivies de Fanchette.)

SCÈNE VII.

LE BARON DE FICHTANFERLICK, FANCHETTE.

LE BARON.
Diable! j'arrive trop tard!... elle n'est plus là !... Ce maudit hôtellier, qui me retient une heure dans la cour... je perds la plus belle occasion !... (A Fanchette, qui rentre en scène.) Dis-moi, où as-tu logé Mme de Narsay ?

FANCHETTE.
Mme de Narsay ?

LE BARON.
Oui ; cette jeune dame qui vient d'arriver... elle m'a dit se nommer ainsi.

FANCHETTE.
Ah ! cette jeune dame ?... Au sept...
(Elle indique la chambre.)

LE BARON.
Suffit...

FANCHETTE.
Comment, vous oseriez... Mais il n'y a donc plus rien de sacré pour vous ?

LE BARON.
Si... les vieilles !

FANCHETTE.
Tenez, vous êtes...

LE BARON.
Je suis un raffiné... ancien élève de Fontanges! aujourd'hui, son émule! son rival !... A propos, où est-il donc ?

FANCHETTE.
Je l'entends qui monte, et je vous laisse...

LE BARON.
Tu me laisses, parce que tu es contrariée... jusqu'à présent, je n'ai pas paru t'avoir remarquée... et l'amour propre... la semaine prochaine, je m'occuperai de toi.

(Il dit ces derniers mots en passant devant elle.)

FANCHETTE.
La semaine prochaine ?... Je me marie !...

LE BARON.
Raison de plus.

FANCHETTE, à Fontanges qui entre par le fond.
M. le marquis n'a rien à m'ordonner.

FONTANGES.
Non, mon enfant.   (Elle sort par le fond.)

SCÈNE VIII.

FONTANGES, LE BARON.

FONTANGES, au baron.
Enfin, te voilà de retour. Eh bien! ces deux jours d'absence, les as-tu mis à profit? Cette petite meunière ?...

LE BARON.
Ah! mon cher, l'expédition la plus brillante... L'excursion la plus audacieuse...

FONTANGES.
Vraiment...

LE BARON.
J'ai couru les plus grands dangers.

FONTANGES.
Conte-moi vite cela !

LE BARON.
Apprête-toi à frissonner pour ton ami...

AIR : Quand nous y vivions ensemble.

Une gentille meunière
Du moulin à vent là-bas,
A mon âme avait su plaire
Par ses agrestes appas.

Je me dis : montrons-nous vite
Au moulin je parus... Crac !
Et le cœur de la petite
En me voyant fit tic-tac !
Pendant qu'avec la meunière
Galamment je devisais,
Le meunier, race grossière,
Osa le trouver mauvais.
Il se fâche, puis appelle
Tous ses garçons et soudain
Le meunier m'attache à l'aile,
A l'aile de son moulin.
Je me disais avec rage,
Grelottant et morfondu,
Si le temps est à l'orage
Je suis un homme perdu...
Tout-à-coup, le vent s'élève...
Quel tourbillon ! quel fracas !
Le moulin part, je m'enlève...
Pieds en l'air et tête en bas !
J'ai bien moulu, j'imagine,
En tournant au gré du vent,
Tout ce qu'il faut de farine
Pour nourrir un régiment.

FONTANGES, riant.
Diable ! cette meunière-là t'a fait tourner la tête... Et comment es-tu sorti de là ?

LE BARON.
Les manans m'ont détaché... Pour revenir ici, je voulus remonter à cheval, impossible! J'avais des éblouissemens... J'étais moulu... Obligé d'attendre le coche... Il paraît... je monte... et, un instant après, je me trouve assis à côté d'une femme... Ah ! mon ami, quelle femme !

FONTANGES.
Encore une meunière !

LE BARON.
Non, madame de Narsay... (Appuyant.) Madame de Narsay... Délicieuse !... je dis délicieuse... je n'ai pas vu sa figure ; selon l'usage de nos grandes dames, elle portait un masque de velours... J'ai eu beau laisser tomber vingt fois mon gant, tu comprends... je me baissais pour voir... pas moyen !... J'ai attrapé un torticolis... N'importe, une tournure ! un pied ! une main ! C'est-à-dire : deux pieds, deux mains...

FONTANGES.
Un pied, une main, c'est fort bien !... Mais te voilà séparé d'elle ?

LE BARON, entraînant Fontanges avec mystère à l'extrême gauche.
Chut !... au sept !... (Il indique la chambre.)

FONTANGES.
Au sept ?

LE BARON.
Sachant que je descendais dans cette auberge, tu conçois... Mais, dis donc, pendant ces deux jours-là, toi, tu n'as pas ?...

FONTANGES, même jeu à l'extrême droite.
Chut !... au huit !... La plus ravissante personne... Une femme de ton pays !

LE BARON.
Une compatriote !

FONTANGES.
Le teint d'un éclat... d'une fraîcheur...

LE BARON.
Mon cher, elles sont toutes comme ça, les Bavaroises... blanches comme le lait.

FONTANGES.
Tu la connais peut-être... La comtesse de Neumark.

LE BARON.
Neumark, attends donc... Je connais un apothicaire qui s'appelle Neumarck...

FONTANGES.
Je tiens à mener cette aventure grand train... Ce bal... Je ne sais si je pourrai y paraître... Car je viens d'apprendre que d'un moment à l'autre, mon régiment peut recevoir l'ordre de passer la frontière.

LE BARON.
Et Mme de Narsay... Elle n'est peut-être venue à Verdun que pour acheter des dragées.

FONTANGES.
Il ne faut pas perdre de temps.
(Il remonte la scène vers le n° 8.)

LE BARON, remontant vers le n° 7.
Oui, mais comment approcher de nos belles ? Pas de clé sur la porte... Que faire pour les attirer ?... Attends !... Donnons-leur une sérénade... Je commence... Une tyrolienne de mon pays...
(Chantant à tue-tête près du n° 7.)

La, la, la, hou !
La, la, la, hou !

SCÈNE IX.

FANCHETTE, LE BARON.

FANCHETTE, à part.
Ils sont là... bien...

LE BARON, continuant.
La, la, hou !

FANCHETTE.
Ah ! ça, qu'est-ce que vous faites donc là ?

LE BARON.
J'exprime ma plainte amoureuse...
La, la, hou !

FANCHETTE.
Vous l'exprimerez long-temps... Mesdames de Narsay et de Neumarck se promènent ensemble dans le jardin.

FONTANGES.
Elles se connaissaient donc ?

ACTE II, SCÈNE X.

FANCHETTE.
Non, mais elles se sont vite entendues !... Car on en est déjà aux confidences..... Elles ont même projeté d'aller ensemble au bal du gouverneur... Elles sont déjà déguisées... Les plus jolis costumes !

FONTANGES.
Dis donc, Fanchette, tu parles de confidence... Comment sais-tu ?

FANCHETTE.
Tout à l'heure, elles étaient à causer dans le petit bosquet, et malgré moi, j'ai entendu...

LE BARON.
Et que disaient-elles ?

FANCHETTE.
Je ne sais si je dois... Ce n'est pas mon secret...

FONTANGES.
Raison de plus pour ne pas le garder.

FANCHETTE.
Dame ! elles parlaient de vous deux.

LE BARON.
Ah ! bah !

FONTANGES.
Voyons, dis-nous vite...

FANCHETTE, à Fontanges.
Autant que j'ai pu comprendre, le cœur de la belle étrangère n'est pas resté insensible à vos hommages !

FONTANGES.
J'en étais sûr !

LE BARON.
Et moi, moi... Le sept... le bienheureux sept ?

FANCHETTE.
Vous avez fait impression.

LE BARON.
Une de plus !... Enregistrée !...

FANCHETTE.
Et afin de prolonger encore leur doux entretien, ces dames veulent souper ensemble.

LE BARON.
Où ça ?

FANCHETTE.
Dans cette salle... Mais comme vous y êtes, je vais leur dire...

FONTANGES.
Garde-t'en bien !

LE BARON.
Au nom de l'enfant de Cythère !

FANCHETTE.
Les voici qui viennent.

LE BARON, remontant vers le fond *.
Oui... Fanchette, retire-toi !... Un tiers me gênerait dans mon allégresse !

FANCHETTE, à part, en sortant.
J'espère que ces dames seront contentes de moi ! (Elle sort par le fond.)

* Fontanges, le baron, Fanchette.

LA CHASSE AUX MARIS.

SCÈNE X.

FONTANGES, LA BARONNE ET LOUISE, déguisées et masquées, LE BARON.

FONTANGES, à la baronne.
Pourquoi nous fuir, mesdames ?

LE BARON, à Louise.
Je ne suis pas un vautour, jeune colombe !

FONTANGES.
Deux femmes seules, dans une auberge !... Nous serions impardonnables de ne pas leur offrir nos soins... Notre dévoûment...

LE BARON.
Timide agneau, permettez-moi d'être votre berger... Votre joli berger...

LA BARONNE, à Fontanges.
Mais, monsieur, ces offres de service... A quoi dois-je attribuer ?

FONTANGES.
A quoi ? cruelle. Mais à l'amour le plus vif, le plus sincère !

LE BARON à Louise.
Laissez-moi lire dans vos yeux que vous m'acceptez pour cavalier, hein ?

FONTANGES, à la baronne.
Un regard... Un doux regard ! je l'implore... De grâce, laissez-moi contempler de si jolis traits !

LE BARON, à Louise.
Otez donc ce loup, ce vilain loup... Il est insupportable ! (Tous deux vont pour enlever les masques.)
LOUISE et LA BARONNE effrayées se dégagent et gagnent le fond.
Monsieur, monsieur !

FONTANGES, au baron.
Quel effroi !

LE BARON, s'approchant de Fontanges.
Que disait donc Fanchette ?

FONTANGES.
Tu es si maladroit, aussi !

LE BARON.
Et toi, donc ?

FONTANGES.
Moi, c'est différent !... Si, comme toi, j'avais affaire à une Française !...

LE BARON.
Et moi à une Allemande... Oh ! oh !... parle pour moi à Mme de Narsay..... Je parlerai pour toi à l'objet germanique... On ne pourra résister à mon gracieux langage teutonique... Je sais comment on prend une Bavaroise !

FONTANGES.
Au fait, c'est original... J'y consens !...
(Fontanges prend Louise par la main et la fait descendre à l'avant-scène à gauche ; même jeu pour le baron et la baronne à l'avant-scène à droite.

* Fntanges, Louise, le baron, la baronne.

3

AIR : De la Vieille.

Pour mon ami je vous implore!

LE BARON, à la baronne.

Warum so beus, meins cheiner schats?

FONTANGES.

Il vous chérit, il vous adore!

LE BARON.

Lieben! lieben! wass teifel schats!

FONTANGES.

Pourquoi le repousser encore?
Il brûle des plus tendres feux,
Ah! daignez écouter ses vœux!

LE BARON.

Er ist prestich, und sentimentalish,
Sein herts ist warm, und brant, alsein calish.

FONTANGES.

Allons, soyez aussi bonne que belle
Pour mon ami cessez d'être cruelle.

LE BARON.

Es ist sa goutt, ein lieber zu haben
Als man immer, mus ein nemen.

FONTANGES.

Je vous en prie, au nom de l'amitié,
De son amour, ayez pitié!

LE BARON.

Als man immer, muss ein nemen.

LOUISE, à part.

Parler pour le baron... Lui, mon mari!

LA BARONNE, à part.

Ah! gros infidèle! Je t'arracherais les yeux de bon cœur.

FONTANGES, bas à Louise.

Ainsi, c'est convenu... Dans une heure, mon ami vous attendra dans cette salle.

LE BARON, à la baronne.

Ce soir, permettez à Fontanges de vous rejoindre au jardin.

LA BARONNE, à part.

Tu mériterais bien que je suivisse tes conseils!

FONTANGES, à Louise.

Vous acceptez?

LOUISE.

Je ne dis pas encore...

FONTANGES, à part.

Elle y viendra... Heureux baron!

LE BARON, à la baronne.

Ainsi, ce rendez-vous?...

LA BARONNE.

Vous êtes d'une exigence!...

LE BARON, à part.

Enlevé!... Fortuné Fontanges!

ENSEMBLE.

AIR : Des Fées de Paris.

FONTANGES et LE BARON.

Comblez, comblez son espérance
Plus de crainte, plus de regret!
En lui seul ayez confiance
Il est si tendre et si discret!

LOUISE et LA BARONNE, à part.

Encourageons leur espérance
Pour assurer notre succès,
Le ciel nous doit une vengeance
Et nous déjouerons leurs projets.

(Louise est reconduite au n° 7 par Fontanges; la baronne au n° 8 par son mari. Quand ils sont arrivés à la porte du n° 8, le baron dit encore un mot en allemand à la baronne qui lui répond : Ya!... Puis, pendant que ces messieurs descendent la scène, ces dames changent d'appartement sans être aperçues. Louise entre au n° 8, la baronne au n° 7.

SCÈNE XI.

LE BARON, FONTANGES.

LE BARON.

Eh! bien?

FONTANGES.

Eh! bien?

LE BARON.

Tu as ton rendez-vous.

FONTANGES.

Et toi, le tien! On t'attendra ici même dans cette salle.

LE BARON.

Tu la retrouveras au jardin... qui est de plain pied avec son appartement.

FONTANGES.

Vraiment... Sais-tu bien, beau papillon, que sans moi, tu te brûlais à la chandelle?

LE BARON.

Mon allemand t'a peut-être desservi...
Varum so beus, mein scheiner schats?...
Allez donc résister à des choses comme ça!

FONTANGES.

Ah! tu es un mortel privilégié!... Une petite personne charmante!

LE BARON.

Et toi donc, une Bavaroise brûlante... Tiens, décidément, Fontanges, ta bonne fortune de ce soir est la plus belle de tes aventures.

FONTANGES.

La plus belle! la plus belle! tu es plus heureux que moi!

LE BARON.

Laisse-moi donc tranquille... Je te dis que tu joues d'un bonheur!... Et le plus fortuné de nous deux...

FONTANGES.

C'est toi!

LE BARON.

C'est toi!

FONTANGES.

La preuve que ta félicité est plus grande, c'est que je suis jaloux!

ACTE II, SCENE XII.

LE BARON.
De qui?

FONTANGES.
De toi, parbleu! Si tu n'étais pas mon élève, mon intime, je ferais tout au monde pour t'empêcher de te rendre à ce rendez-vous... Et j'irais à la place.

LE BARON.
C'est singulier! absolument comme moi! Si tu n'étais pas Fontanges, je t'empêcherais de tromper l'Allemagne... Je suis comme ça... j'ai l'esprit national... Et puis, elle m'a dit : Ya!

FONTANGES, avec exaltation.
D'ailleurs, en parlant pour toi, je ne sais quelle étincelle sympathique... J'ai été subjugué... et si je me suis montré si éloquent, c'est qu'un instant je croyais parler pour moi-même.

LE BARON.
Et moi, une déclaration en langue teutonique... ça m'a rappelé mes jeunes années, mes premières amours... vrai... j'étais...

FONTANGES, d'un air chagrin.
Oui... mais la Française t'a distingué!

LE BARON.
L'Allemande t'adore!

FONTANGES.
Quel malheur!

LE BARON.
Quelle infortune!

FONTANGES, frappé d'une idée.
Baron de Fichtanferlick!...

LE BARON, comme inspiré.
Assez... pas un mot de plus... j'ai compris... Fontanges, ton élève est digne de toi... embrassons-nous!

FONTANGES.
Je suis fier de t'avoir formé!

LE BARON.
Mais, une réflexion... elles vont nous reconnaître à l'organe... Je n'ai pas ton organe... tu n'as pas mon organe... nous n'avons pas le même organe!...

FONTANGES.
Sois donc tranquille!... La nuit, comme tu le dis, une seule chose pourrait nous trahir, c'est la voix. Eh bien! en parlant ainsi, pas de danger. Ecoute. (A voix basse.) Ah! madame, je vous adore, je vous idolâtre... une flamme éternelle...

LE BARON, l'imitant.
Je vous adore... idolâtre... flamme éternelle! (Il suffoque et tousse.)

FONTANGES.
Très bien!... Comme ça, toutes les voix se ressemblent la nuit...

LE BARON.
Absolument comme les chats.

FONTANGES.
Et puis, il y a de ces instans où le silence est ce qu'il y a de plus éloquent...

LE BARON.
Je suis très éloquent quand je ne dis rien.

FONTANGES, prêtant l'oreille.
Chut! écoute... j'entends marcher... Au jardin, Fichtanferlick, au jardin!

LE BARON, remontant vers le fond.
Oui, mon ami... (Bas.) Flamme éternelle... idolâtre!... (Voix naturelle.) Sois tranquille, je ne crains plus rien... (Descendant sur la scène.) Si, je crains quelque chose... le clair de lune.

FONTANGES.
Que le diable t'emporte!

LE BARON.
AIR : Au clair de la lune.

O lune chérie!
De nous prends pitié;
Mon cœur se confie
A ton amitié.
Pour que la fortune
Comble mon espoir,
Lune, chère lune,
Ne sors pas ce soir!

(Il s'en va par le fond en répétant à voix basse : « Flamme éternelle, je vous adore, etc. »
— Fontanges éteint la lampe; nuit complète au théâtre.)

SCÈNE XII.

FONTANGES, LA BARONNE, sortant du n° 7.

LA BARONNE, à part.
J'ai entendu du bruit... mon mari doit être là...

FONTANGES, cherchant à distinguer dans l'obscurité.
Je ne me trompe pas... oui, madame de Narsay est fidèle au rendez-vous.

LA BARONNE, toussant légèrement.
Hum! hum!

FONTANGES, à voix basse.
Me voilà!

LA BARONNE, à part.
C'est lui!

FONTANGES, à part.
C'est elle!

LA BARONNE, à part.
Tu ne crois pas être avec ta femme, scélérat!

FONTANGES, à demi-voix.
Heureux moment, nous voilà donc ensemble!

LA BARONNE.
J'ai peur!

FONTANGES.
Pourquoi craindre l'amant le plus tendre, le plus sincère?

LA BARONNE.
Vous!

FONTANGES, forçant un peu la voix.
Oui, pour la vie!... Jamais mon cœur n'a éprouvé...

LA BARONNE, à part.
Dieu ! c'est M. de Fontanges !
FONTANGES.
Ah ! cède à mes vœux... que peux-tu craindre ?
LA BARONNE, à part.
Attends !... (Haut.) Ah ! monsieur, je me sens mal... Vite, cherchez ce qu'il me faut... un flacon... des sels... Ah ! mon Dieu !
FONTANGES, la soutenant. A part.
Quel contretemps !... (Haut.) Tenez... asseyez-vous... là. (Il la fait asseoir sur une chaise qui se trouve à droite sur l'avant-scène.) Je n'ose appeler quelqu'un... courons moi-même... (A la baronne.) Je reviens à l'instant... (A part.) Pauvre petite !... l'émotion... n'importe ! c'est bien plus gentil... Je reviens !... je reviens !..,
(Il sort par le fond en marchant à tâtons.)

SCÈNE XIII.

LA BARONNE, seule, se levant.

Je m'y perds !.. Mais, enfin, c'est bien M. de Fontanges qui était là !... Il va revenir... pas de temps à perdre. Ah ! mon Dieu ! mais j'y songe... Louise... dans mon appartement... il y a une porte qui donne sur le jardin... la malheureuse ! elle est au rendez-vous !... (Appelant au n. 8.) Louise ! Louise ! Pas de réponse !... Louise !

SCÈNE XIV.

LOUISE (sortant du n° 8.), LA BARONNE.

LOUISE.
Vous m'appelez ?
LA BARONNE.
Vous venez du jardin ?
LOUISE.
Non, j'allais m'y rendre.
LA BARONNE.
Gardez-vous-en bien !
LOUISE.
Pourquoi ?
LA BARONNE.
C'est votre mari que j'ai trouvé ici... Je ne sais comment cela se fait... pour l'éloigner, j'ai feint de me trouver mal... Il va revenir... je l'entends... je me sauve... (Elle entre au n° 7.)

SCÈNE XV.

FONTANGES, un flacon à la main ; LOUISE.

LOUISE, prenant la place de la baronne. A part.
Le voilà ! Hélas ! ce n'est que par la ruse que je puis me rapprocher de lui.

FONTANGES.
Tenez... vite... respirez ceci...
LOUISE.
Je me sens mieux.
FONTANGES.
Que Dieu soit loué ! En vous voyant souffrir, je souffrais encore plus que vous.
LOUISE.
Vraiment !
FONTANGES.
Oh ! n'en doutez pas... je sens là que je vous aime pour la vie !
LOUISE, à part.
Quel dommage ! ce n'est pas à Louise qu'il croit s'adresser !
FONTANGES.
Et vous, votre cœur ?...
LOUISE.
Oh ! je voudrais qu'il fût resté insensible en vous voyant.
FONTANGES.
Et pourquoi donc, cruelle ?
LOUISE.
Ah ! c'est que vous êtes l'ami de M. de Fontanges !
FONTANGES.
Sans doute, mais ce n'est pas là une raison...
LOUISE.
On le dit trompeur, perfide ! et ses principes, comme ami, vous devez les partager.
FONTANGES.
Lui, Fontanges, un perfide ! quelle calomnie !
LOUISE.
Cependant, sa femme qu'il a délaissée...
FONTANGES.
Ah ! vous savez...
LOUISE.
Oui.
FONTANGES, à part.
Allons, bien ! le bruit de cette aventure est arrivé jusque dans les provinces.
LOUISE.
Vous concevez... tout doit me faire craindre que, suivant son exemple...
FONTANGES.
Madame, la médisance a poursuivi mon ami : si quelqu'un a été trompé, c'est ce pauvre Fontanges ! Aussi ne consentira-t-il à vivre auprès de sa femme que lorsqu'elle aura satisfait à certaine condition... impossible à remplir.
LOUISE.
Si, cependant, elle parvenait...
FONTANGES.
Je connais Fontanges... il tiendrait alors sa parole... mais je suis... c'est à dire, il est bien tranquille. Je vous le répète, ce n'est point un trompeur, et je me fais gloire de lui ressembler en tout... Comme lui, je suis sincère, fidèle ! Ainsi plus de soupçons, plus de tristes pressentimens ! Soyons

tout au bonheur de nous trouver ensemble... en amour, l'heure passe si vite !

AIR de Doche.

A l'amant qui te supplie,
Pourrais-tu bien refuser
Une faveur tant chérie,
Un baiser, rien qu'un baiser ?
(Il veut embrasser Louise, qui se dégage, et passe à gauche.)

LOUISE, à part. *

Ah ! quel trouble pour mon âme !
Et que faire en ce danger ?
Cette faveur qu'il réclame...
Mais, au fait, je suis sa femme...
Allons, il faut me venger !
(Fontanges embrasse Louise, et rencontre sous la main le médaillon qu'elle porte.)

DEUXIÈME COUPLET.
FONTANGES.

Ah ! permets qu'à ton corsage
J'enlève, en ce doux instant,
Ce médaillon, comme gage
De l'amour le plus constant.

LOUISE, à part.

Ah ! quel trouble pour mon âme !
Et que faire en ce danger ?
Ce médaillon qu'il réclame...
Mais au fait, je suis sa femme...
Allons, il faut me venger.
(Il enlève le médaillon. Brillantes fanfares au dehors.)

LOUISE, gagnant la droite, en remontant vers le fond.

On vient... adieu !

* Louise Fontanges.

FONTANGES.

Adieu ! (Louise entre au n° 7.)

SCÈNE XVI.

FONTANGES, OFFICIERS de son régiment ; puis LE BARON.

(Les officiers sont précédés d'un valet d'auberge portant des lumières ; jour au théâtre.)

CHOEUR.

AIR des Diamans de Couronne.

Entendez-vous (bis) la trompette guerrière ?
A la frontière.
Il faut courir ;
Allons, hâtons-nous de partir !

FONTANGES, à part.

Est-il un sort plus doux,
Après un rendez-vous,
Que d'exposer gaîment
Ses jours en combattant !

REPRISE.

FONTANGES, au baron qui paraît tout rayonnant. *
Eh bien ?

LE BARON.

Enlevée la Bavaroise !

REPRISE DU CHOEUR.

(A la fin de cette reprise, Fontanges et le baron s'éloignent par le fond, suivis des officiciers. Le rideau baisse.)

* Le baron, Fontanges.

ACTE TROISIÈME.

Une salle du château de Fontanges, ouverte sur une galerie. Une fenêtre au premier plan, à droite, du même côté ; portes aux deuxième et troisième plans. Porte au fond. Portes à gauche, au premier et au troisième plan. Mobilier élégant et riche ; tapis, etc.

SCÈNE I.

Mlle DE SÉRICOURT, LOUISE, à la fenêtre.

Mlle DE SÉRICOURT, parlant au premier plan à gauche, à la cantonade.

Oui, mesdemoiselles... la reine vient d'entrer dans l'oratoire... vous voilà libres pour une heure.. (Apercevant Louise.) Pauvre Louise ! toujours à la même place, le cherchant des yeux... (Appelant.) Louise ! Louise !... (A part.) Elle ne m'entend même pas... (Lui frappant légèrement sur l'épaule.) Louise !

LOUISE, comme sortant d'un songe.

Ah ! c'est toi !

Mlle DE SÉRICOURT.

Eh bien ! rien de nouveau ?

LOUISE.

Rien !

Mlle DE SÉRICOURT.

Quoi ! M. de Fontanges ?...

LOUISE.

Est toujours le même ! Depuis hier qu'il est arrivé ici, c'est une indifférence, une froideur...

Mlle DE SÉRICOURT.

Se conduire ainsi après un de séparation ! lui faisant la guerre en Allemagne, toi, dans ce château à te désoler ! Bon Dieu ! quelle rancune !

LOUISE.

Oh ! il ne me pardonnera jamais !

Mlle DE SÉRICOURT.

Le fait est que la reine l'a pris au piége, et son amour-propre... Cependant la présence de la reine, qui lui fait l'honneur de venir passer quelques jours au château de Fontanges...

LOUISE.

C'est justement cela qui excite sa colère. Hier au soir, quand sa majesté se fut retirée dans ses appartemens... M. de Fontanges et moi, nous restâmes seuls un instant... Je m'attendais à quelques mots d'amitié, à quelques marques d'intérêt... Il s'approcha de moi, et me dit avec une froide ironie : Je comprends, madame, le but de la reine... elle n'est venue au château de Fontanges que pour me forcer à m'y rendre, et l'on a espéré qu'un rapprochement entre nous pourrait avoir lieu... on s'est trompé !

Mlle DE SÉRICOURT.

Ma foi, je n'ai pas ton courage, et, me voyant humiliée ainsi, à ta place, je lui aurais dit : Monsieur le marquis, le jour de mon mariage, vous m'avez écrit une impertinente petite lettre... vous souvenez de ce qu'elle contient? Eh bien ! j'ai rempli toutes vos conditions... C'est moi, Mme de Narsay, qui, à Verdun...

LOUISE.

Je voulais que son cœur seul le fît revenir à moi !

Mlle DE SÉRICOURT

C'eût été beaucoup plus flatteur, sans doute ; mais enfin, s'il continue à être aussi cruel, il faudra bien que tu parles.

LOUISE.

La reine, outrée contre M. de Fontanges, exige qu'aujourd'hui même il sache la vérité.

Mlle DE SÉRICOURT.

Ah ! je voudrais être témoin de son humiliation ! je le vois d'ici terrassé, confondu ! Dis-moi... à quelle heure la reine exige-t-elle que le marquis connaisse la vérité ?

LOUISE.

Je ne sais... la baronne m'a fait promettre d'attendre son retour.

Mlle DE SÉRICOURT.

Je conçois... la baronne a aussi des comptes à régler avec M. son mari, et elle veut profiter de l'occasion... Une explication entre vous quatre est meilleure... vous serez là en famille...

LOUISE.

Voilà pourquoi, avant l'arrivée de M. de Fontanges, la baronne a quitté ce château qu'elle habitait depuis un an avec moi... il l'aurait reconnue.

Mlle DE SÉRICOURT.

Et elle est allée à Paris, pour retrouver le baron ?

LOUISE.

En habits de voyage, elle a dû descendre dans l'hôtel de son mari... elle lui laissera croire qu'elle arrive à l'instant d'Allemagne... Le baron ne manquera pas de lui parler de M. de Fontanges et de moi... elle demandera à nous être présentée... Paris n'est qu'à quelques lieues... bientôt, sans doute, ils seront ici ! *

(Le marquis paraît par la porte, au troisième plan à gauche, en ayant l'air de chercher quelqu'un.)

Mlle DE SÉRICOURT, apercevant Fontanges.

Le marquis !

LOUISE, bas.

Il semble chercher quelqu'un.

Mlle DE SÉRICOURT.

En effet !

LOUISE, avec agitation et voulant aller à Fontanges.

Moi, peut-être !

Mlle DE SÉRICOURT.

Raison de plus pour ne pas courir à lui... Ah ! tu n'es pas assez coquette !

LOUISE.

Quand on aime bien !

Mlle DE SÉRICOURT.

Ça n'empêche pas d'aimer... (Haut à Fontanges, comme si elle ne faisait que de l'apercevoir.) Ah ! monsieur le marquis... vous étiez là !

∞∞∞∞∞∞∞∞∞∞∞∞∞∞∞∞∞∞∞∞∞∞∞∞∞∞∞∞∞∞∞∞∞

SCÈNE II.

FONTANGES, Mlle DE SÉRICOURT, LOUISE.

FONTANGES, feignant de ne les avoir point encore vues.

Pardon, mesdames, je ne vous savais pas ici.

Mlle DE SÉRICOURT.

Sans cela, vous n'y seriez pas venu ?

FONTANGES.

La crainte de vous déranger... Mais je me retire...

Mlle DE SÉRICOURT.

Nous vous cédons la place, monsieur.

LOUISE, bas à Mlle de Séricourt.

Ce n'est pas moi qu'il cherchait !

Mlle DE SÉRICOURT, bas.

Alors, il faut nous en aller...

AIR du Roi d'Yvetot.

LOUISE, à part.

Quoi ! partir, quand déjà
Vers lui mon cœur s'élance !
Le voilà, le voilà !
Quel émoi je sens là !
Mon mari, le voilà !

FONTANGES, à part.

La voilà, la voilà !
Mon cœur bat et s'élance ;
Quel trouble je sens là !
C'est ma femme ; elle est là !

Mlle DE SÉRICOURT.

Le voilà ! le voilà !
Mais silence

* Fontanges, Mlle de Séricourt, Louise.

Et prudence!
De l'ingrat que voilà,
L'amour te vengera!
(Les dames sortent par la droite, au troisième plan.)

SCÈNE III.

FONTANGES, seul, suivant Louise des yeux.

Mais c'est qu'elle est fort bien, ma femme! et, en la revoyant, j'ai éprouvé une émotion jusqu'alors inconnue... des idées nouvelles... plus sages peut-être... et j'ai presque envie... Allons donc!... allons donc!... et mon serment... et ma vengeance!... la reine qui serait triomphante... mes amis qui me montreraient au doigt... Non... non... mille fois non!... Aussitôt après le départ de sa majesté, je m'éloigne... je retourne à mon régiment... Là, de nouvelles distractions, de nouvelles folies me feront oublier... Devenir amoureux de ma femme... mais je me couvrirais de honte et de ridicule... (Prélude de harpe dans la coulisse à droite, deuxième plan.) Qu'entends-je!... Mais c'est elle! c'est elle!... Je ne lui connaissais pas ce talent!...

LOUISE, dans la chambre à droite.

AIR de Farinelli.

Voyez, là-bas sur le rivage,
Gémir la femme du marin...
Bravant et les flots et l'orage,
Elle attend depuis le matin;
Elle attend l'époux qu'elle adore...
Long-temps doit-elle attendre encore?
Hélas! après tant de peine,
Mon Dieu! tu l'exauceras!...
Que ton pouvoir ramène
Un tendre époux dans ses bras!
Ah! ah! qu'il revienne
Dans ses bras!

FONTANGES.
Quels accens
Ravissans,
Ils enivrent mes sens!

FONTANGES.

Allons, allons... sortons d'ici... sortons bien vite... car j'éprouve trop de charme à l'écouter... (Il va pour sortir, Louise entre par la porte de droite, au deuxième plan; Fontanges jette un léger cri, même jeu de la part de Louise.) La voilà!

SCÈNE IV.

FONTANGES, LOUISE.

LOUISE, avec émotion.
Vous êtes encore ici? monsieur...

FONTANGES.
Encore!... Ah! c'est un cruel reproche!... dont au reste je ne puis me plaindre... Je suis bien importun aujourd'hui... n'est-ce pas, madame?

LOUISE.
Pourquoi cela, monsieur?... Vous êtes chez vous... ce château vous appartient...

FONTANGES.
Je n'abuserai pas long-temps du droit de propriété, je vous assure...

LOUISE.
Que dites-vous?

FONTANGES.
Bientôt j'aurai quitté ce domaine...

LOUISE.
Partir... partir encore... Ah! je le vois, monsieur, c'est ma présence ici...

FONTANGES, à part.
Que sa voix est douce!... mais morbleu! ne nous laissons pas aller... tenons ferme...

LOUISE.
Après ce fatal mariage, je n'ai pu un seul instant causer avec vous... Répondez, monsieur, je vous en prie, pourquoi ce dédain... cette colère?... Qu'ai-je donc fait?

FONTANGES.
Ah! madame, cette question me semble étrange, après tant de tromperie... de duplicité...

LOUISE.
Je ne vous comprends pas, monsieur... Après avoir reçu de vous cette lettre... que je garde comme un bien triste souvenir... cette lettre où vous juriez que je serais votre femme... que vous ne vouliez pas me tromper... j'ai été trouver la reine... car je n'ai pas de secret pour elle... je lui ai tout appris. — « Allons, m'a-t-elle dit, je vois avec plaisir que M. de Fontanges s'est amendé... Cette fois, ses vues sont honorables et pures; je veux les seconder de tout mon pouvoir... C'est par crainte de son oncle qu'il propose un mariage secret... Eh bien, je me charge de tout concilier... Votre bonheur sera public, cet hymen se fera dans notre royale chapelle. » Et la reine m'a ordonné de ne pas la quitter de la soirée... Voilà mes torts, monsieur; jugez-moi!

FONTANGES, avec ironie.
Cette histoire est fort bien trouvée!

LOUISE.
Ah! je crains de vous comprendre à présent... A vos regrets, je vois bien que vous vouliez m'entraîner dans un piége...

FONTANGES, vivement.
Moi!... Oh! incapable!... Mais je désirais que cela se fît autrement... j'avais une marche à moi...
En un mot, ma bonne foi a été surprise...

LOUISE.
Mais, monsieur...

FONTANGES.
Il fallait se fier à ma promesse... croire à mon amour... ne pas préparer à l'improviste cette cha

pelle... faire venir mon oncle, le chanoine... c'est un véritable guet apens ! Ah ! le succès a couronné votre complot... la reine a réussi... et vous, grâce à mon nom, vous pouvez briller à la cour... Jeune et belle, vous êtes sans doute entourée d'hommages... pas de surveillant ennuyeux, de jaloux soupçonneux et grondeur... bref, vous avez toutes les prérogatives du mariage, moins le mari... Est-il un sort plus digne d'envie ! C'est celui que vous avez ambitionné, n'est-ce pas, madame ?

LOUISE.

Je vous pardonne cet indigne soupçon, monsieur... mais le dépit de n'avoir pu me tromper, me séduire, ne devrait pas vous conduire jusqu'à me mépriser...

FONTANGES.

Vous mépriser !... mais vous ne feriez que suivre l'exemple...

LOUISE, avec dignité.

Vous ne me connaissez pas, monsieur... le nom que je porte, j'ai voulu que, de mon côté, il restât pur et ignoré... Depuis votre départ, je n'ai guère quitté la solitude... et, maintenant, je n'ai plus qu'une seule demande à vous adresser...

FONTANGES.

Parlez, madame...

LOUISE.

Malgré cette liberté que vous semblez m'offrir, je désire une solitude plus profonde encore... j'attends vos ordres, monsieur le marquis, quelle retraite me désignerez-vous ?

FONTANGES.

Une retraite !...

LOUISE.

Dans quel couvent faudra-t-il que je me rende ?

FONTANGES.

Dans un couvent... une retraite aussi austère... y pensez-vous ?

LOUISE.

Seule... abandonnée... il le faut...

FONTANGES.

Puisque vous le voulez absolument... il me semble que dans une de mes terres, à votre choix... ce domaine, par exemple ?...

LOUISE, vivement.

Oui, vous avez raison... c'est là ma place... Là, du moins, je vivrai entourée de souvenirs... je serai au milieu de ceux qui vous ont connu, qui vous aiment, qui vous regrettent sans doute... ils me parleront de vous tous les jours... je ne serai plus seule...

FONTANGES, à part.

C'est singulier... je ne sais plus où j'en suis, moi !

LOUISE.

Pour que votre absence leur paraisse moins longue et moins douloureuse, pour qu'ils ne vous accusent pas d'oubli, permettez-moi de leur faire un peu de bien... (Mouvement de Fontanges.) Je leur dirai que c'est vous qui l'avez ordonné... (Nouveau mouvement de Fontanges, plus marqué que le premier.) Oh ! ne me remerciez pas, monsieur... Quand le pauvre vous bénira, j'entendrai prononcer votre nom...

AIR de Henri Potier.

A tous je dirai : Plus d'alarmes,
Mon seigneur m'envoie en ces lieux,
Pour sécher et tarir les larmes
De l'orphelin, du malheureux !
Amis, pour celui qui m'envoie,
Priez, priez avec amour !
Que Dieu nous accorde la joie
De son retour !

FONTANGES, très ému.

Ah ! madame, un tel sacrifice... Mais cet exil auquel vous vous condamnez volontairement ?...

LOUISE.

Il durera tant que vous ne serez pas revenu pour me rendre justice...

FONTANGES.

Mais, songez-y, malgré ma volonté, les mois, les années, peuvent s'écouler...

LOUISE.

J'attendrai.

FONTANGES.

Mais avec le temps, l'espoir se perd ; et si vous aviez un jour la certitude que jamais mon retour...

LOUISE.

Alors... alors... je mourrai !...

FONTANGES.

Ainsi, madame, après une absence aussi cruelle, aussi injuste... malgré mes torts... si je reparaissais à vos yeux ?...

LOUISE.

Le retour ferait tout oublier...

FONTANGES.

Quoi ! vous ne me repousseriez pas ?

LOUISE.

Oh ! jamais ! jamais !

FONTANGES, avec transport, et prêt à tomber à ses genoux.

Eh bien !...

(La porte du fond s'ouvre tout à coup ; un valet introduit le baron, qui donne le bras à la baronne ; Louise gagne vivement l'extrême gauche.)

SCÈNE V.

LOUISE, FONTANGES, LE BARON, LA BARONNE.

LE BARON.

Ah ! le voilà !... Fontanges ! Fontanges !

ACTE III, SCENE VI.

FONTANGES, à part.

Ah! mon Dieu! mais c'est elle... la comtesse de Neumark... Comment se fait-il?...

LE BARON.

Mon ami, je te présente ma femme...

FONTANGES, à part.

Sa femme!... (Saluant, tout embarrassé.) Madame, je m'estime heureux... je suis enchanté de vous recevoir...

LE BARON, riant.

Ce pauvre Fontanges! l'étonnement de voir ma femme... il ne sait plus que dire... Mais ta surprise n'approche pas encore de celle que j'ai éprouvée hier... Figure-toi, une voiture de voyage entre dans la cour de mon hôtel... je regarde... Cunégonde!... elle n'avait pu supporter une aussi longue absence!... Sachant que j'étais à Paris, elle est accourue du fond de la Bavière... et pas un reproche de sa part... non, rien que des larmes! rien que de douces larmes!... pendant deux heures et demie... que d'amour!... (Pendant ce qui suit, les deux femmes remontent un peu la scène et se font des signes d'intelligence, sans être vues de leurs maris. — Bas.) Veux-tu que je te dise? ce procédé m'a touché... je suis redevenu amoureux de ma femme...

FONTANGES, toujours étonné.

Ta femme!

LE BARON.

D'après mon cœur et le droit romain!

FONTANGES, à part.

Faut-il lui dire?... Pourquoi?... il n'est pas arrivé de malheur, à Verdun!... Ne troublons pas sa félicité.

LA BARONNE, à part.

M. de Fontanges ne sait plus où il en est...

LE BARON.

Mais, à propos... et la marquise de Fontanges, ne nous présenteras-tu pas à elle? Ma femme brûle du désir de la connaître!

FONTANGES, montrant Louise.

La voici!

LE BARON, faisant passer Louise près de sa femme.

Madame, j'ai bien l'honneur...

LA BARONNE, à Louise.

Bonjour, chère amie...

LOUISE, à la baronne.

Que j'ai de plaisir à vous revoir!

(Les deux hommes se regardent étonnés.)

FONTANGES, intrigué.*

Pardon, mesdames... mais cette intimité... daignerez-vous nous dire?...

LA BARONNE.

Oui, monsieur, car le jour des explications est arrivé.

LOUISE, bas à la baronne.

Ils sauront toute la vérité?...

LA BARONNE, bas.

Non, il faut les punir.

LE BARON.

Parlez; je vous l'ordonne, Cunégonde.

LA BARONNE.*

Mon Dieu! c'est tout simple, Louise et moi, nous nous connaissons depuis près d'une année...

FONTANGES.

Une année!

LE BARON.

Une année!

LA BARONNE.

Et notre intimité s'est faite d'une manière assez originale, assez piquante... c'est toute une histoire que je me propose d'envoyer à nos gazetiers... Tenez, jugez, messieurs, si elle ne fera pas merveille: Deux pauvres femmes étaient délaissées par leurs époux... Jusqu'à présent, rien d'extraordinaire... c'est simple, c'est commun, ça se voit tous les jours... L'une de nos victimes se prit à pleurer, l'autre devint furieuse... mais, comme on se lasse de tout, même de pleurer, de se dépiter, les deux pauvres abandonnées se mirent à réfléchir... La plus jeune demanda des conseils; l'autre ne vit rien de mieux à faire que de courir rejoindre son mari, pour le faire enrager... c'est une excellente vengeance, et qui peut se renouveler tous les jours... Voilà donc nos deux voyageuses en quête de leurs époux... le hasard rassemble les deux femmes, et d'ennemies qu'elles furent d'abord, elles devinrent alliées, alliées fidèles... Pour des femmes, c'est rare... mais, enfin, une heure après s'être connues, elles convinrent d'unir leurs efforts, de se soutenir mutuellement, bref, de faire ensemble la chasse aux deux maris... mais il fallait, avant tout, choisir un bon terrain... elles choisirent la ville de Verdun...

FONTANGES.

Verdun!

LE BARON.

Verdun!

LA BARONNE.

Là, elles se trouvèrent en présence des deux coupables, qui s'étaient épris de la plus belle passion, l'un, pour la comtesse de Neumarck, l'autre, pour Mme de Narsay...

LE BARON, à part.

Je suis pris!

FONTANGES, à part.

Quelle aventure!

LA BARONNE.

Nos deux chasseresses attendirent que le soir fût arrivé... puis, elles se mirent à l'affût... Mme de Narsay alla au jardin...

---

* Fontanges, le baron, Louise, la baronne.
** Le baron, Fontanges, Louise, la baronne.

* Le baron, Fontanges, la baronne, Louise.

FONTANGES, à part.
Ah! mon Dieu!...
LA BARONNE.
Et Mme de Neumarck attendit son volage dans une salle d'auberge...
(Les deux femmes étouffent un éclat de rire, en voyant la mine piteuse de leurs maris.)
LE BARON, à part.
J'étouffe!
FONTANGES, avec abattement, bas au baron.
Fichtanferlick, tu comprends?...
LE BARON, bas.
Oui, oui, oui, oui, oui.
FONTANGES, bas.
Nous avons changé aussi, nous... je suis resté dans la salle, moi!
LE BARON, de même.
J'ai été au jardin, moi!
FONTANGES, de même.
Je me soutiens à peine...
LE BARON, de même.
Je voudrais bien m'évanouir.
LA BARONNE.
Mais, messieurs, qu'avez-vous donc? Cette émotion!... Ma petite historiette vous a-t-elle touchés à ce point?...
FONTANGES.
Pardon, mesdames... nous avons besoin d'être seuls.
LA BARONNE.
Mais votre état nous inquiète.
LE BARON.
Sortez!... (Passant devant les dames, et gagnant l'extrême droite.) Sortez, Cunégonde!
(Il tombe accablé dans un fauteuil. Même jeu de la part de Fontanges.)
LOUISE, bas à la baronne.
Vous voyez leur chagrin... leur désespoir... il faut leur dire...
LA BARONNE, bas.
Non, non... ils méritent mieux que cela... et, vous le savez, nous n'avons pas encore fini... Venez.
LOUISE et la BARONNE, à part.
ENSEMBLE.
AIR : Des échos de Musard.
De ces pauvres maris,
De tout mon cœur je ris;
Enfin, les voilà pris,
Surpris,
Et bien punis!
(Elles sortent par le fond, en riant.)

SCÈNE VI.
FONTANGES, LE BARON.

FONTANGES.
Tous les deux!

LE BARON.
Simultanément!
FONTANGES.
C'est affreux!... Pouvais-je prévoir?...
LE BARON.
C'est un hasard déplorable!
FONTANGES, se levant.
Voyons, voyons... Le mal, quelquefois, est moins grand qu'on ne le croit au premier abord, Baron!... (Fichtanferlick se lève, et vient à lui d'un air confus.) Baron... rappelle bien tes souvenirs... Voyons, peux-tu me regarder encore en face? (Le baron baisse tristement la tête.) Je comprends!
LE BARON.
Et toi, mon ami, as-tu bien des reproches à te faire?
(Fontanges étend le bras gauche en signe affirmatif.)
LE BARON, lui saisissant la main.
Ça suffit. (Avec explosion.) Femme perfide!
(Il remonte la scène avec agitation.)
FONTANGES, même jeu.
Femme!... Et nous ne pouvons nous en prendre à elles!
LE BARON, gagnant la droite.
Sans doute... Elles ont changé, croyant bien faire... par dévouement...
FONTANGES.
Par vertu... (Avec colère.) Mais on peut s'en prendre à l'infâme qui vous déshonore... à vous, monsieur!
LE BARON, avec colère.
A vous, monsieur! car, enfin, c'est vous qui avez imaginé ce changement... Ma femme vous plaisait; il ne fallait pas nous adresser à une autre!
FONTANGES.
Il fallait vous y opposer, monsieur; je n'aurais pas aujourd'hui à vous demander raison d'un tel outrage!
LE BARON.
J'allais vous le proposer, monsieur; vous concevez qu'après une telle offense, ma vie ou la vôtre!...
FONTANGES.
C'est comme cela que je l'entends, monsieur. A l'instant, dans le parc... Nous n'avons pas besoin de second.
LE BARON.
Dans de semblables affaires, il faut éviter d'en prendre... c'est assez d'un premier.
FONTANGES.
Allons, sortons, monsieur... le plus offensé aura le choix des armes... Sortons!
LE BARON.
Sortons, monsieur, sortons!... (Ils se dirigent vers le fond. — Le baron s'arrêtant tout-à-coup.) Un instant... Le plus offensé... Oui, mais qui de nous est le plus offensé?

* Le baron, Fontanges.

FONTANGES.
C'est juste, les torts sont égaux.
LE BARON.
Nous n'avons pas de reproches à nous faire, et quand nous irions nous couper la gorge...
FONTANGES.
Tu as raison... Suis-je assez malheureux !
LE BARON.
Moins que moi... Ma femme, je la délaissais... c'est fort bien... mais j'avais toujours pour elle...
FONTANGES.
Et moi donc! Veux-tu savoir?... l'amour-propre seul me retenait... Depuis que je suis ici... vingt fois j'ai été sur le point de tomber à ses pieds ; car elle est jolie, ma femme... et d'une vertu... pour la première fois de ma vie, je sentais là.. Pendant mon absence... elle s'était condamnée à la retraite la plus austère... sa conduite a toujours été irréprochable!... et pour mon mariage, la reine seule avait dirigé tout le complot... elle était innocente!...
LE BARON.
Et dire que c'est nous!... nous!... Un accident qui n'avait pas taché le front des Fichtanferlick, depuis les Romains !
FONTANGES.
Mais mon parti est pris... je veux quitter ce monde aujourd'hui même... Tu penses comme moi, baron ?
LE BARON, lui serrant la main.
Mon ami, je te dirai cela la semaine prochaine.
FONTANGES.
Mais, avant tout, je ne veux pas emporter ta haine. Tu me pardonnes ?...
LE BARON.
Tu ne m'en veux pas, Fontanges?
FONTANGES.
Pauvre ami !
(Ils se jettent dans les bras l'un de l'autre.)

AIR de l'Artiste.

Même sort nous rassemble,
Pour nous tout est commun.
LE BARON.
Consolons-nous ensemble,
Car nous ne faisons qu'un.
FONTANGES.
Ma douleur est la tienne.
LE BARON.
Portons même fardeau.
FONTANGES
Portons la même peine...
LE BARON, faisant un pas vers le public.
Et le même chapeau !
(A ce moment, on entend tinter une cloche.)

SCÈNE VII.

LE BARON, Mlle DE SÉRICOURT, FONTANGES.

Mlle DE SÉRICOURT, venant par le fond.
Eh bien ! messieurs, n'entendez vous pas?... c'est le signal de la cérémonie.
FONTANGES, étonné.
La cérémonie !...
Mlle DE SÉRICOURT.
Sans doute... la reine est déjà dans la chapelle.
LE BARON.
Pourquoi faire ?
Mlle DE SÉRICOURT.
Pour le baptême !
FONTANGES.
De qui ?
Mlle DE SÉRICOURT.
De votre fils, monsieur le marquis, et de votre fille, monsieur le baron... Sa Majesté daigne être la marraine des deux enfans... On vous attend, messieurs. (Elle s'éloigne par le fond.)

SCÈNE VIII.

LE BARON, FONTANGES.

FONTANGES.
C'est le dernier coup !
LE BARON.
J'aurais mieux aimé un garçon !
FONTANGES.

AIR de l'Apothicaire.

Ah ! quel affreux événement
Pour nos deux âmes outragées !
D'un tel baptême, en ce moment,
Nous payons trop cher les dragées !
LE BARON.
C'est bien plus amer que cela ;
Va, pour nous, époux ridicules,
Mon pauvre ami, ces bonbons-là
Sont d'abominables pilules !

FONTANGES.
Nuit fatale !... Et moi, moi qui en gardais là le souvenir... Ce médaillon, qu'il soit brisé, anéanti!
(Il jette par terre le médaillon qui se brise, un papier en sort.)
LE BARON.
Un papier !
FONTANGES, le ramassant.
Que signifie?

SCÈNE IX.

Les Mêmes, LOUISE et LA BARONNE,
écoutant au fond.

FONTANGES, lisant.
« Vous ne serez réellement ma femme que lors-
» que vous m'aurez prouvé que vous avez passé
» avec moi un quart d'heure de tête à tête. »
Mais, c'est le billet que, le soir, en sortant de la
chapelle, j'ai remis à Louise...

LOUISE, s'avançant.
Et ce billet, vous l'avez repris à votre femme...
dans la salle d'auberge... à Verdun...

FONTANGES.
Comment!...

LA BARONNE, au baron.
Tenez, Monsieur, rattachez ce nœud de ruban
que je vous ai dérobé dans le jardin... à Verdun.

FONTANGES, à Louise.
Ainsi, c'était bien vous qui, dans cette chambre
d'hôtellerie...

LA BARONNE.
Non, c'était moi...

FONTANGES.
Mais alors...

LA BARONNE.
Souvenez-vous ?... Je me suis trouvé mal...
Vous êtes sorti... et pendant ce temps, elle a pris
ma place.

FONTANGES.
Je comprends.. Ah! quel est mon bonheur !

LOUISE.
Oui, vous êtes plus heureux que sages !

FONTANGES.
Mais ce bruit de cloches, cette cérémonie an-
noncée?

LA BARONNE.
Pardonnez-nous d'avoir voulu vous épouvanter
un peu.

LE BARON.
Je puis enfin relever la tête!... depuis un instant,
elle était bien lourde !

LA BARONNE.
Monsieur!...

LE BARON.
C'était la migraine !

CHOEUR.
AIR du Roi d'Yvetot.
Plus d'ennuis
De soucis,
Plus de trompeuse trame !
Adorons notre } femme.
Adorez votre }
Notre vœu, le voilà !
Le bonheur, il est là !

LE BARON.
AIR d'Henri Potier.
Au château de Fichtanferlick,
Qu'on voit aux portes de Munich,
Dans mon humeur trop vagabonde,
Pour folâtrer, courir le monde,
J'avais délaissé Cunégonde ;
Mais je me suis bien repenti,
Et veux, à dater d'aujourd'hui,
Etre un modèle de mari,
Un vrai modèle de mari !

(Au public.)
Mesdames, si, dans le ménage,
Un époux est léger, volage,
Faut le mettre en apprentissage
Au château de Fichtanferlick,
Qu'on voit aux portes de Munich !

REPRISE DU CHOEUR.
Plus d'ennuis, etc., etc.

FIN DE LA CHASSE AUX MARIS.

S'adresser pour la musique à M. COUDER, chef d'orchestre, au théâtre des Folies-Dramatiques.

BOULE et Cⁿ, imprimeurs des Corps militaires, de la Gendarmerie départementale, des Contributions
directes et du Cadastre, 3, rue Coq-Héron.

FRANCE DRAMATIQUE. — PIÈCES EN VENTE.

- La Seconde Année.
- L'École des Vieillards.
- L'Ours et le Pacha.
- Le Camarade de lit.
- Le Mari et l'Amant.
- Les Malheurs d'un Amant
- Henri III et sa cour.
- Un Duel sous Richelieu.
- Colas, de Ducange.
- Michel et Christine.
- Le Mariage de raison.
- L'Hom. au masque de fer
- La Jeune Femme colère.
- L'Incendiaire.
- La Vieille.
- Le Jeune Mari.
- La Demoiselle à marier.
- Les Vêpres Siciliennes.
- Budget d'un jeune ménag.
- L'Auberge des Adrets.
- Philippe.
- La Dame blanche.
- Toujours.
- 10 ans de la vie d'une fem.
- Le Lorgnon.
- Bertrand et Raton.
- Une Faute.
- Le ci-devant jeune hom.
- Marie Mignot.
- Pourquoi ?
- Richard d'Arlington.
- La Chanoinesse.
- Les Comédiens.
- L'Héritière.
- Léontine.
- Le Gardien.
- Dominique.
- Le Philtre Champenois.
- Le Chevrelin.
- Le Charlatanisme.
- Vert-Vert.
- Bruis et Palaprat.
- Le Mariage extravagant.
- Le Paysan perverti.
- Pinto, en 5 actes.
- La Carte à payer.
- Le Mari de ma femme.
- Les Vieux Péchés.
- Luxe et Indigence.
- Zoé.
- Louis XI.
- Ninon chez Mme Sévigné.
- Robin des Bois.
- Marius à Minturnes.
- Marie Stuart.
- Les Rivaux d'eux-mêmes
- La Famille Glinet.
- Les Héritiers.
- Jeanne d'Arc.
- Les Maris sans femmes.
- L'Assemblée de famille.
- Mémoires d'un Colonel.
- Le Paria.
- Les Deux Maris.
- Le Médisant.
- La Passion secrète.
- Rabelais.
- Les Deux Gendres.
- Estelle.
- Trente Ans.
- Le Pré-aux-Clercs.
- La Poupée.
- La Tour de Nesle.
- Changement d'uniforme.
- Une Présentation.
- Mme Gibou et Mme Pochet
- Est-ce un Rêve ?
- Fra Diavolo.
- Robert-le-Diable.
- Le Duel et le Déjeuner.
- Zampa.
- Avant, Pendant et Après.
- Les Projets de mariage.
- Un premier Amour.
- Napoléon, ou Schœn-brunn et Ste-Hélène.
- La Courte-Paille.
- Le Hussard de Felsheim.
- 1760, ou les 3 Chapeaux.
- Rigoletti.
- Frédégonde et Brunehaut
- Gustave III.

- Elle est Folle.
- L'Abbé de l'Épée.
- Un Fils.
- Les Infortu. de M. Jovial.
- M. Jovial.
- Victorine.
- Catherine ou la Croix d'or
- La Belle-Mère et le Gend.
- Heur et Malheur.
- Il y a Seize ans.
- L'Héroïne de Montpellier
- C'est encore du Bonheur.
- La Mère au bal, et la Fille à la maison.
- Jean.
- Les Étourdis.
- Valérie.
- Faublas.
- Picaros et Diégo.
- Démence de Charles VI.
- Une Heure de mariage.
- Madame Du Barry.
- Le Chiffonnier.
- Le marquis de Brunoy.
- Le Voyage à Dieppe.
- Les Anglaises pour rire.
- La Fille d'honneur.
- Un moment d'imprudence
- Le Dîner de Madelon.
- Les Deux Ménages.
- Le Bénéficiaire.
- Malheurs d'un joli garçon
- Robert, chef de brigands
- Michel Perrin.
- Une Journée à Versailles.
- Le Barbier de Séville.
- Les Cuisinières.
- Le Nouv. Pourceaugnac.
- Marie.
- Le Secrét. et le Cuisinier.
- Clotilde.
- Bourgmest. de Saardam.
- Le Roman.
- Le Coin de Rue.
- Le Célibataire et l'Homme marié.
- La Maison en loterie.
- Les Deux Anglais.
- Le Mariage impossible.
- La Ferme de Bondi.
- Werther.
- La Prison d'Edimbourg.
- La Première Affaire.
- La Famille de l'Apothical.
- Don Juan d'Autriche.
- L'Enfant trouvé.
- Le Poltron.
- Le Facteur.
- Misanthropie et Repentir
- Lo Châlet.
- Perrinet Leclerc.
- Molroud et Compagnie.
- Agamemnon.
- Chacun de son côté.
- Le Vagabond.
- Thérèse.
- Sans Tambour ni Tromp.
- Marino Faliero.
- Fanchon la Vielleuse.
- Prosper et Vincent.
- Glenarvon.
- Le Conteur.
- Le Celeb. de Walter Scott.
- La Dame de Laval.
- Carlin à Rome.
- Les Deux Philibert.
- Les Couturières.
- Convent de Tonnington.
- Le Landaw.
- Une Famille au temps de Luther.
- Les Poletais.
- Honorine.
- Angeline.
- La Princesse Aurélie.
- Les Petites Danaïdes.
- Sophie Arnould.
- Un Mari charmant.
- Les Deux Frères.
- Madame Lavalette.
- La Pie Voleuse.
- La Famille improvisée.

- Les Frères à l'épreuve.
- Le Marquis de Carabas.
- La Belle Écaillère.
- Les Deux Jaloux.
- Laitière de Montfermeil.
- Farruck le Maure.
- Les Bonnes d'Enfans.
- Monsieur Sans-Gêne.
- Monsieur Chapolard.
- La Camargo.
- Préville et Taconnet.
- Le Bourru bienfaisant.
- La Fille de Dominique.
- Philosophe sans le savoir
- Rossignol.
- Deux vieux Garçons.
- Jeunesse de Richelieu.
- Mal noté dans le quartier.
- L'Idiot, dr. en 4 actes
- Suzette.
- Guillaume Colmann.
- Les Deux Edmond.
- Le Serment de Collège.
- La Vie de Garçon.
- La Camaraderie.
- Le Commis Voyageur.
- Liste de mes Maîtresses.
- Alix, ou les Deux Mères.
- Harnali, parodie.
- 99 Moutons et un Champenois.
- Le Pauvre Idiot, 4 actes.
- Un Ange au sixième étage
- Frascati, vaud. en 3 actes
- La Cocarde tricolore.
- La Muette de Portici.
- La Foire Saint-Laurent.
- Clermont.
- Le Pioupiou, v en 3 actes
- Perruquier de la Régence
- Le Chevalier du Temple.
- Le Mariage d'argent.
- Le Camp des Croisés.
- Mademoiselle d'Aloigny.
- Une Vision ou le sculpteur
- Le Bourgeois de Gand.
- Louise de Lignerolles.
- L'Homme de Soixante ans
- Marguerite.
- La Belle-Sœur.
- Céline la Créole.
- Mademoiselle Bernard.
- Précepteur à vingt ans.
- Madame Grégoire.
- La Cachucha.
- Samuel le marchand.
- Guillaume Tell, op. 4 a.
- Henri Hamelin, dr. 5 a.
- Un Testament de dragon
- Le Ménestrel, com. 5 a.
- Bayadères de Pithiviers.
- Peau d'âne, en 5 actes
- L'Ouverture de la Chasse
- La Vie de Château.
- Thérèse, opéra-comique.
- L'Obstacle imprévu.
- Richard Savage, dr. 5 a.
- Le Grand-Papa Guérin.
- Le Général et le Jésuite.
- La Boulangère a des écus
- D. Sébastien de Portugal
- C'est monsieur qui paie.
- Mademoiselle Clairon.
- Ruy-Brac, p. de Ruy-Blas
- Une Position délicate.
- Randal, dr. en 5 actes.
- L'Enfant de Giberne.
- Sept Heures.
- Un Bal de Grisettes.
- Candinot, roi de Rouen
- Françoise et Francesca.
- La Muntille.
- Les Trois Gobe-Mouches
- Postillon franc-comtois.
- Mademoiselle Nichon.
- Dagobert.

- Les Maris vengés.
- Une Saint-Hubert.
- La Fille d'un Voleur.
- Les Sermens.
- Le Planteur.
- Jaspin, com.-vaud.
- Le Père Pascal.
- Nanon, Ninon, Maintenon
- Phœbus.
- Les Camarades du minist.
- Vingt-six ans.
- La Canaille.
- L'Éclair.
- L'intérieur des Comités révolutionnaires.
- La Laitière de la Forêt.
- Bobèche et Galimafré.
- La Femme Jalouse.
- Le Panier Fleuri.
- Le Protégé.
- Le Diamant.
- Les Treize.
- Naufrage de la Méduse.
- L'Eau merveilleuse.
- Geneviève la Blonde.
- Industriels et Industrieux
- Le Pied de mouton.
- La Grande Dame.
- Passé minuit.
- Le Susceptible.
- Le Pacte de Famine.
- Tribut des Cents Vierges
- Isabelle de Montréal.
- Une Visite nocturne.
- Un Ménage parisien.
- Les Brodeuses de Lise.
- Valentine.
- La Belle Bourbonnaise.
- Mademoiselle Desgarcins
- Passé Midi.
- Les Trois Quartiers.
- La Nuit du Meurtre.
- La Fiancée.
- Les Ouvriers.
- L'Élève de Saumur.
- Carte blanche.
- Chantre et Choriste.
- Chansons de Béranger.
- La Fille du Musicien.
- La Rose Jaune.
- Le Shérif.
- Les Filles de l'Enfer.
- César, ou le Chien du château.
- Eustache.
- Argentine.
- L'Amour.
- Fiancée de Lammermoor.
- Le Père de Famille.
- Bélisario.
- Le Débardeur.
- La Symphonie.
- Sujet et Duchesse.
- Écorce russe et Cœur français.
- Un Scandale.
- Le Bamboccheur.
- Le Philtre, opéra.
- Le Tasse.
- Léonide, ou la Vieille.
- A Minuit.
- Le Coffre-fort.
- Fénélon, par Chénier.
- Les Machabées.
- La Lune Rousse.
- L'Amant bourru.
- Cartouche, ou les Voleurs
- L'espionne Russe.
- Le Soldat de la Loire.
- Malvina, ou le Mariage.
- Le plus beau jour de la vie
- Polder, ou le Bourreau.
- Louise, ou la Réparation
- Les Premières Amours.
- Le Colonel.
- Le Coiffeur et le Perruquier.
- La Reine de seize ans.
- Kettly, ou le Retour.
- La Famille Riquebourg.

- Lisbeth, ou la Fille du Laboureur
- La Lune de Miel.
- La Correctionnelle.
- La République, l'Empire et les Cent jours.
- Les deux Forçats.
- Quaker et la Danseuse.
- Les Enfans d'Édouard.
- Yelva.
- La Marraine.
- La Mansarde.
- La Fille de Cid.
- Assemblée de Créanciers
- Le Soldat laboureur.
- Les Cabinets particuliers
- Les Deux Systèmes.
- La Reine d'un jour.
- Régine ou Deux Nuits.
- L'Humoriste.
- Lénore.
- Hochet d'une Coquette.
- La Fausse Clé.
- Le Secret du Soldat.
- La Peur du Tonnerre.
- La Neigo.
- Le Jésuite.
- Les 6 Degrés du Crime.
- Les Deux Sergens.
- Le Diplomate.
- L'œil de verre.
- Latréaumont.
- Le Code et l'Amour.
- Une Jeune Veuve.
- La Mansarde du Crime.
- Judith.
- Madame Duchatelet.
- Le Verre d'eau.
- Masaniello.
- Je connais les femmes.
- La Rose de Péronne.
- Deux Sœurs.
- La Grace de Dieu.
- La Dette à la Bamboche.
- Une nuit au sérail.
- L'embarras du choix.
- La Popularité.
- Caravage.
- Un Monsieur et une Dame
- Les Pénitens blancs.
- Christine.
- Permission de 10 heures
- Béatrix, drame.
- Voyage de Robert-Macaire.
- Comité de Bienfaisance
- Floridor le Cherubin.
- La Mère et la Fille.
- La Fille du Tapissier.
- Le Veau d'Or.
- Mari et la Cuisinière.
- Le Débutant.
- Le Quinze avant Midi.
- Deux Dames au Violon.
- Le Beau-Père.
- La Maîtresse de Poste.
- L'Homme Gris.
- Le Bureau de Placem.
- Les Oiseaux de Bocace.
- Le Festin de Pierre.
- Le Bon Ange.
- Les Économies du Cabochard et Sous-Clé.
- Frère et Mari.
- Le Bon moyen.
- Un Mari dû bon temps.
- La Prétendante.
- Le Secret du Ménage.
- La Citerne d'Alb.
- Un Mois de fidélité.
- Gabrina.
- Le Caporal et la Paysanne
- Les Pontons.
- Les Pupilles de la Garde.
- Choyilles de M'tre Adam.
- Allé de Mérange.
- Petrascoit.
- La Vie d'un Comédien.
- La Chaîne électrique.
- Marie.

- Nicolas Nickleby.
- L'une pour l'autre.
- Les Philantropes.
- L'Oncle Baptiste.
- L'Avocat de sa cause.
- Les Jumeaux béarnais.
- L'hôtel garni.
- Le Voyage à Pontoise.
- Le Jeu de l'amour et du hasard.
- Le Parleur éternel.
- Le Turc.
- Mon coquin de neveu.
- Une Jeunesse orageuse
- Édouard et Clémentine
- L'Ingénue de Paris.
- Un Veuvage.
- L'Ingénue de Paris.
- Journée d'une jolie Femme.
- Le petit Chaperon Rouge.
- Le dernier Marquis.
- Les Noceurs.
- La Branche de Chêne.
- Mathilde.
- Les Deux Voleurs.
- Brigitte.
- C'était moi.
- L'Héritage du mal.
- Le docteur Robin.
- Le Portrait vivant.
- Pierre le Noir.
- Le Bourgeois grand Seigneur.
- Gaetan il Mammone.
- Une Chaîne.
- Les Diamans de la Couronne.
- Le Diable à l'école.
- Le duc d'Olonne.
- Le Code noir.
- Oscar ou le Mari.
- Kiosque.
- Carmagnola.
- La Main de fer.
- Le Fils de Cromwel.
- Mathilde burlesque.
- Le Capitaine Charlotte.
- Trafalgar.
- Magasin de grains de la Baquerette.
- Marquise de Rauteau.
- La Part du Diable.
- La Chasse aux Maris.